FILOSOFIA CLANDESTINA
Cinco tratados franceses do século XVIII

César Chesneau du Marsais
Giuseppe Antonio Giachimo Cerutti
Anônimo
Voltaire

FILOSOFIA CLANDESTINA
Cinco tratados franceses do século XVIII

Seleção, apresentação e tradução
REGINA SCHÖPKE E MAURO BALADI

© 2008, Martins Editora Livraria Ltda., São Paulo, para a presente edição.

1ª edição
Junho de 2008

Produção editorial
Eliane de Abreu Santoro

Preparação
Mariana Echalar

Revisão
Huendel Viana
Simone Zaccarias
Dinarte Zorzanelli da Silva

Produção gráfica
Demétrio Zanin

Dados Internacionais de Catalogação na Publicação (CIP)
(Câmara Brasileira do Livro, SP, Brasil)

Du Marsais, César Chesneau
  Filosofia clandestina : cinco tratados franceses do Século XVIII / César Chesneau du Marsais... [et al.] ; seleção, apresentação e tradução Regina Schöpke e Mauro Baladi. – São Paulo : Martins, 2008. (Coleção Tópicos Martins)

  Outros autores: Giuseppe Antonio Giachimo Cerutti, Voltaire, Anônimo
  Título original: Le vrai philosophe
  Bibliografia
  ISBN 978-85-99102-83-1

  1. Filosofia e religião – Século 18 2. Filosofia francesa I. Du Marsais, César Chesneau, 1676–1756. II. Cerutti, Giuseppe Antonio Giachimo, 1738–1792. III. Voltaire, 1694–1778.

08-02805   CDD-194

Índice para catálogo sistemático:
1. Filosofia francesa   194

Todos os direitos desta edição para o Brasil reservados à
Martins Editora Livraria Ltda.
Rua Prof. Laerte Ramos de Carvalho, 163
01325-030 São Paulo SP Brasil
Tel.: (11) 3116.0000 Fax: (11) 3115.1072
info@martinseditora.com.br
www.martinseditora.com.br

Sumário

Os subterrâneos da filosofia – *Regina Schöpke e Mauro Baladi* 9

FILOSOFIA CLANDESTINA
CINCO TRATADOS FRANCESES DO SÉCULO XVIII

O verdadeiro filósofo (1796) – *César Chesneau du Marsais* 25

Breviário filosófico ou História do judaísmo, do cristianismo e do deísmo em 33 versos (1791) – *Giuseppe Antonio Giachimo Cerutti* 49
Prefácio 49
História do judaísmo, do cristianismo e do deísmo em 33 versos 50
Notas 52

Giordano Bruno redivivo ou Tratado dos erros populares (1771) – *Anônimo* 79
Advertência 79

1. Da pluralidade dos mundos 91
2. Os conhecimentos humanos nada têm de seguro 103
3. Da existência de Deus 112
4. Continuação do mesmo assunto. Deus não é imutável 146
5. Não seria possível conciliar a ciência de Deus, seu conhecimento e seu governo absolutos com o mal que existe no mundo 154

Das conspirações contra os povos ou Das proscrições (1766) –
Voltaire 169
Conspirações ou proscrições judias 169
A de Mitridates 170
As de Sila, Marius e Triúnviros 171
A dos judeus no reinado de Trajano 173
A de Teodósio 174
A da imperatriz Teodora 174
A dos cruzados contra os judeus 175
A dos cruzados contra os albigenses 176
As vésperas sicilianas 176
Os templários 177
Massacres no Novo Mundo 178
Conspiração contra Merindol 181
Conspiração de São Bartolomeu 184
Conspiração da Irlanda 186
Conspiração nos vales do Piemonte 187

Profissão de fé dos teístas (1768) – *Voltaire* 195
Que Deus é o pai de todos os homens 197
Das superstições 201

Dos sacrifícios de sangue humano 205
Das perseguições cristãs 211
Dos costumes 217
Da doutrina dos teístas 219
Que todas as religiões devem respeitar o teísmo 222
Bênçãos sobre a tolerância 224
Que todas as religiões dão testemunho do teísmo 225
Advertência a todas as religiões 227

Os subterrâneos da filosofia

Regina Schöpke e Mauro Baladi

Aquilo que chamamos de "filosofia clandestina" constitui, sem dúvida nenhuma, uma das mais fascinantes páginas da história do pensamento e das idéias. O que se entende por isso é um amplo "movimento" filosófico-literário, cuja marca foi a circulação (em geral secreta e anônima) de centenas de obras anticlericais e de crítica política no período compreendido entre os séculos XVI e XVIII. Tais obras (impressas ou manuscritas) refletiam a necessidade comum de expressar idéias pouco ortodoxas numa sociedade ainda refém da religião. Afinal, é preciso lembrar que a Inquisição ainda queimava seus "hereges" e "ímpios" em pleno século do Iluminismo e da Revolução Francesa.

Não é sem razão que Voltaire (certamente o intelectual que melhor personifica o espírito das Luzes por sua luta incansável contra as injustiças e os fanatismos) se inclui entre aqueles que adotaram o anonimato ou o uso de pseudônimos para escapar do "fogo redentor". Na verdade, sem esse movimento subterrâneo do pensamento (que uniu espiritualmente livres-pensadores e filósofos na luta contra o obscurantismo e as superstições) seria praticamente impossível desfazer essa atroz simbiose que se estabeleceu entre a Igreja e o poder político secular durante toda a Idade Média. Os dez séculos que se seguiram às invasões bárbaras e à queda de Roma expressam bem a escuridão em que foram mergulhados os homens dessa época.

É verdade que muitos estudiosos consideram tal afirmação exagerada, dadas a beleza e a riqueza de muitas das produções medievais. Mas, ainda que se possa falar de uma arte sacra ou de uma filosofia cristã[1], ou seja, ainda que se possa alegar que a produção artístico-intelectual não foi interrompida nesse período, não é possível dizer que exista verdadeiramente arte ou pensamento onde não há liberdade de crítica e de expressão. É nesse sentido que, embora a filosofia clandestina não tenha uma unidade de idéias (nesse movimento estão "juntos" ateus, panteístas, deístas, teístas etc.), não se pode negar que existe uma voz que os une nessa verdadeira guerra silenciosa travada contra a prisão do pensamento. Essa voz clama pela liberdade! Afinal, antes de discutir as próprias idéias, é preciso, como diz Voltaire, defender o direito de expressá-las.

---

1. Para uma discussão profunda sobre esse tema, cf. Étienne Gilson, *O espírito da filosofia medieval* (São Paulo, Martins Fontes, 2006).

Vejamos esse processo mais de perto.

Durante os longos séculos em que a Igreja dominou ideológica e culturalmente o Ocidente (período que os ingleses chamam sugestivamente de *The dark ages*), a filosofia – enquanto saber – perdeu muito de sua potência crítica, criadora e libertadora. Na verdade, ela sobreviveu à custa de se tornar um luxuoso apêndice da teologia, abrindo mão, nesse caso, daquilo que mais a singularizava: a autonomia com relação a todos os poderes estabelecidos. Prejudicada numa de suas mais nobres tarefas – a de lançar um olhar crítico sobre os valores e as idéias que sustentam nossas práticas e convicções –, a filosofia ficou submetida aos princípios rígidos e dogmáticos de um cristianismo institucionalizado (não deixando, no entanto, de ser algo estranho a ele, já que nada é mais contrário ao espírito religioso do que a reflexão e o livre questionamento).

A Renascença, no entanto, trouxe mudanças naquilo que se refere ao domínio da religião, representando o alvorecer da cultura laica. A revalorização dos ideais da Antigüidade, a invenção da imprensa e a descoberta de "novos mundos" são, ao mesmo tempo, causa e conseqüência desse processo de libertação e de ampliação dos horizontes existenciais do homem europeu. É nesse momento de efervescência que todo um núcleo de intelectuais leigos e independentes faz sua aparição na Europa, unidos tanto pela língua (o latim) quanto por uma insaciável sede de conhecimento e de liberdade de expressão.

Mas, apesar dessas transformações, não houve um imediato enfraquecimento do poder "material" da Igreja, que, tendo reduzido seu império sobre os espíritos, buscou uma compensação no domínio dos corpos (com as missões de catequese e o crescimento dos poderes e do prestígio da Inquisição). Os reis, sempre dependentes de afirmação e reconhecimento, fundamentavam seu poder na crença de que eram representantes terrenos da soberania divina e, dessa forma, apoiavam todos os abusos da Igreja por receio de perder seu respaldo. A Reforma – ainda que seja um sintoma da perda de hegemonia da religião – intensificou ainda mais as perseguições e as punições. E, assim, mesmo depois da Idade Média, a Igreja mantinha-se viva e forte.

Pois bem, unidos na repressão a toda forma de pensamento independente e inovador, Igreja e Estado estavam quase sempre juntos também na perseguição aos descontentes, aos heréticos, aos livres-pensadores, aos libertinos ou, simplesmente, aos filósofos. Expor ou defender publicamente idéias pouco ortodoxas, contestar as tradições ou criticar os abusos e o obscurantismo dos poderosos era algo que podia significar a prisão, a tortura ou até mesmo a fogueira. Exemplos disso são Giulio Cesare Vanini[2] (autor do *Amphitheatrum aeternae providentiae divino-magicum, christiano-physicum*), Geoffroy

---

2. Condenado em 1619 à pena destinada aos blasfemadores: língua cortada, estrangulamento e fogueira.

Vallée[3] (autor do quase lendário *La béatitude des chrestiens ou Le fléo de la foy*) e o célebre Giordano Bruno[4].

Eis por que a filosofia clandestina teve um papel tão fundamental: ela não apenas se encarregou da difusão extra-oficial das idéias contestadoras, como também foi capaz de criar todo um sistema de comunicação entre os insatisfeitos com a humilhante condição do povo, mantido na ignorância pelo duplo poder repressor da religião e do Estado. Afinal, nada é mais perigoso do que o casamento do poder político com a religião: é nesse modelo de sociedade que vemos emergir os maiores crimes contra a humanidade. Pois bem, a multiplicidade de obras clandestinas em circulação (muitas das quais continuam sem identificação de autor) tinha em comum, no fundo, apenas um pequeno número de temas, continuamente retomados. Em geral, eles giram em torno da crítica bíblica (a denúncia das incoerências e dos absurdos espalhados pelas narrativas sagradas); da contestação do caráter divino da Igreja, legitimado por tais narrativas, e do direito divino dos reis e dos nobres, legitimado pela Igreja; da denúncia dos abusos da nobreza e do clero; e, por fim, da defesa de novas idéias e de novas concepções de mundo (em obras filosóficas e científicas, mas também pelas "utopias" e pela literatura fantástica).

---

3. Queimado vivo em 1574, juntamente com quase todos os exemplares de seu livro.
4. Queimado na fogueira em 1600.

Sob a forma de tratados, diálogos, novelas ou até mesmo poemas, esses escritores – quase sempre aristocratas ou religiosos, pois eram os únicos que então tinham acesso aos estudos – apresentavam suas idéias a um público restrito, através de manuscritos, ou a toda a sociedade, através de livros impressos (muitos dos quais foram queimados, com ou sem a companhia de seus autores). No caso dos livros clandestinos escritos por autores franceses, eles eram impressos em outros países (de fé protestante, como a Holanda, a Inglaterra e a Suíça), na própria França (com falsas indicações de nacionalidade) ou simplesmente não traziam nenhuma marca de editor. Nem todos eram completamente anônimos; alguns se apresentavam como falsas traduções e certos autores assinavam seus escritos com iniciais, epítetos, nomes alheios ou pseudônimos – quase sempre estrangeiros, para garantir ainda mais sua proteção (aliás, essa é uma prática que se tornou bastante freqüente em todas as formas de literatura daquele período).

Mesmo com o abrandamento das penas impostas aos que se atreviam a discordar dos valores vigentes, a possibilidade de apodrecer nas prisões ou perder os privilégios de sua condição social fez com que muitos pensadores franceses do século XVIII caíssem na clandestinidade intelectual. Em alguns casos, esse anonimato não passava de um delicado jogo de esconde-esconde, em que algumas personalidades bastante conhecidas se obrigavam a negar a autoria de obras que eram sabidamente suas para satisfazer a hipocrisia dos poderosos (que não gostariam de punir aqueles que eles próprios admiravam, embora não pudessem admitir a suspensão ou o enfraquecimento da censura).

Assim, muitos dos clássicos da literatura daquela época surgiram originalmente como obras anônimas ou com falsas autorias, o que hoje em dia parece ter sido quase esquecido. Autores que simbolizam a própria idéia do "Iluminismo" – como Voltaire, Rousseau, Diderot e o barão de Holbach – foram pródigos nesse tipo de impostura, que, paradoxalmente, permitia a expressão e a circulação de verdades incômodas demais para serem ditas "à luz do dia".

São essas verdades, ainda e sempre polêmicas e pertinentes, que o leitor encontrará nos textos que integram este volume. Para esta pequena antologia, selecionamos cinco tratados que têm diversos pontos em comum: são de origem francesa, foram publicados anonimamente na segunda metade do século XVIII e resumem, com precisão, as temáticas freqüentes nesse tipo de obra.

O primeiro texto, *O verdadeiro filósofo* (*Le vrai philosophe*), foi extraído de uma coletânea intitulada *Opuscules philosophiques et littéraires, la plupart posthumes ou inédites* (Paris, Imprimerie de Chevet, 1796, pp. 133-67). Seu autor, César Chesneau du Marsais (1676–1756), foi um célebre gramático, advogado e filósofo francês, nascido em

Marselha. É autor, entre outras obras, de *Des tropes ou Des diferens sens dans lesquels on peut prendre un même mot dans une même langue* e de uma célebre *Analyse de la religion chrétienne*, além de ter colaborado com diversos verbetes sobre gramática para a *Enciclopédia* de D'Alembert e Diderot. *O verdadeiro filósofo* (ou, simplesmente, *O filósofo*, como consta na maior parte das edições) pode ser considerado um autêntico manifesto em defesa do novo papel desempenhado pela filosofia no século das Luzes – sempre preocupada em interferir ativamente nos aspectos mais concretos da realidade social, política e econômica, rejeitando o caráter puramente metafísico da reflexão. Essa obra parece ter sido escrita por volta de 1730, embora sua primeira publicação em livro date de 1743 (na coletânea de tratados filosóficos clandestinos intitulada *Nouvelles libertés de penser*, presumivelmente editada em Amsterdã). Optamos pela utilização do texto de 1796 por ser idêntico ao de 1743, com o acréscimo de uma longa parte final (essa diferença é assinalada em nota, na qual reproduzimos integralmente a conclusão da primeira edição).

Nosso segundo texto, cujo título original é *Bréviare philosophique ou Histoire du judaïsme, du christianisme et du déisme, en trente-trois vers; par le feu roi de Prusse; et en trente-trois notes; par un célèbre géomètre*, foi publicado, sem menção de editor ou local, em 1791. Seu autor, Giuseppe

Antonio Giachimo Cerutti, foi um jesuíta, escritor, político e jornalista italiano, nascido em Turim (em 13 de junho de 1738) e falecido em Paris (em 3 de fevereiro de 1792). Radicado na França ainda jovem, foi colaborador e amigo de Mirabeau. Tornando-se partidário das idéias revolucionárias, foi deputado na Assembléia legislativa francesa, em 1791. Do mesmo ano é a publicação do *Breviário*, escrito seguramente nessa mesma época e editado sem o nome do autor (provavelmente em razão de seu caráter polêmico). O livro apresenta um pequeno poema atribuído ao rei da Prússia, Frederico II (amigo e protetor de Voltaire e de diversos outros sábios, e que havia falecido em 1786), e é acompanhado das notas de Cerutti (quase todas considerações críticas sobre episódios do Velho e do Novo Testamento). Com a intenção de atacar veementemente a Igreja e seu instrumental de ritos e dogmas, Cerutti defende a religião natural, fundamentada na razão e na virtude. Além de seus elementos de crítica religiosa, o texto apresenta também alguns comentários curiosos sobre a situação política na França no período imediatamente posterior à Revolução.

A terceira obra, cujo título original é *J. Brunus redivivus, ou Traité des erreurs populaires*, foi publicada sem nenhuma indicação bibliográfica (a não ser a data de 1771), e até hoje seu autor não foi identificado. Trata-se, sem dúvida, de um dos mais conhecidos clássicos da filosofia clandestina, que de maneira simbólica toma como patronos duas figuras igualmente polêmicas: Pietro Pomponazzi (1462–1525), filósofo italiano nascido em Mântua e fundador da escola aristotélico-averroísta, e Giordano Bruno, a mais célebre das vítimas da superstição e do obscurantismo dos poderosos da Renascença.

Dividido em cinco partes, *Giordano Bruno redivivo* sintetiza o conteúdo mais radical das críticas presentes nos textos clandestinos: contra as limitações e os dogmas impostos aos sábios (partes 1 e 2: "Da pluralidade dos mundos" e "Os conhecimentos humanos nada têm de seguro"), contra as superstições e as ilusões que sustentam o poder da religião (partes 3 e 4: "Da existência de Deus" e "Deus não é imutável") e pela autonomia da razão humana (parte 5: "Não seria possível conciliar a ciência de Deus, seu conhecimento e seu governo absolutos com o mal que existe no mundo").

Já a obra *Das conspirações contra os povos ou Das proscrições*, de 1766, traz a marca indelével da mais representativa personalidade do Iluminismo francês e da própria literatura clandestina: Voltaire. Contando com refúgios seguros e com admiradores poderosos, a longa trajetória intelectual de Voltaire é, como já dissemos, uma interminável luta contra a ignorância, a superstição, a intolerância, o fanatismo e os abusos de toda ordem. Sua arma favorita é a sátira, temperada com uma sólida erudição e uma ironia que não poupa ninguém (e que chegou a levá-lo à prisão e ao exílio).

Nesse texto (originalmente intitulado *Des conspirations contre les peuples ou Des proscriptions*), Voltaire une sua vertente de historiador à de crítico do comportamento humano e constrói o que poderíamos legitimamente denominar de "uma pequena história dos grandes massacres motivados pela intolerância religiosa". Começando pelo Velho Testamento, Voltaire enumera uma aterradora série de carnificinas que têm em comum a estupidez dos "motivos" que as justificaram e daqueles que as cometeram. São especialmente impressionantes as referências ao extermínio dos povos americanos pelos espanhóis e ao tenebrosamente célebre massacre de São Bartolomeu. Com esse escrito, Voltaire certamente estava cumprindo seu papel "moral" como historiador, que é o de evocar para os homens do presente – por exemplos notáveis – os erros e as virtudes do passado. Infelizmente, mais erros que virtudes, como é o caso desse texto.

Quanto à *Profissão de fé dos teístas*, também de Voltaire, ela apareceu originalmente em 1768 como uma falsa tradução do alemão. Atribuída a um pretenso conde e veladamente dedicada a Frederico II, ela faz uma defesa apaixonada do teísmo, apresentado como a única e verdadeira religião da humanidade – visto que é natural, intuitiva e precede todas as outras. Em poucas palavras, trata-se de uma religião não institucionalizada, em que os dogmas devem ser substituídos pela razão, e os sacerdotes, pelo bom senso. É totalmente inspirada e guiada por aquilo que os iluministas chamavam de "luz natural". De fato, no teísmo (que, por suas muitas similitudes, costuma ser confundido com o deísmo) existem apenas três verdades incontestáveis e fundamentais: I – existe um ser superior e transcendente, um Deus magnânimo que criou todas as coisas; II – o ser humano, criado por esse Deus, tem uma alma imortal; III – o homem não deve obediência a nada (leis, instituições, costumes...) nem a ninguém, a não ser a Deus e à sua própria consciência, iluminada por uma razão justa e equânime.

Um teísta, como diz Voltaire em seu *Dicionário filosófico*, é aquele que reconhece em todo homem um seu igual. Ele não distingue as pessoas por cor, credo, nacionalidade, condição econômica ou social. Por essa razão, o teísmo seria a única religião que poderia agradar plenamente a Deus, pois – ao contrário das outras – ela une os homens. Todas as demais tendem a provocar ainda mais discórdias, alimentando a ignorância, os preconceitos e as superstições. Para Voltaire, trata-se da religião mais antiga da Terra e também daquela que tem o maior contingente de seguidores.

Pois bem, parece que, nesse pequeno tratado, o grande racionalista cedeu lugar ao religioso, e o supremo zombador converteu-se em devoto. Contudo, podemos entender isso de muitas maneiras. A primeira – e a mais controvertida – é que a própria razão não se contrapõe radicalmente ao universo mítico-religioso (ou, como dizem os empiristas, a própria razão se funda em crenças). Outra é que, no fundo disso tudo, a grande questão de Voltaire é mesmo a existência humana concreta e, para ele, Deus é mais do que uma crença pessoal: é uma necessidade social. Sem Deus, afirma Voltaire, tudo desabaria: a moral, a justiça, enfim, toda a estrutura que embasa a convivência em sociedade. Para ele – e para muitos outros –, se o homem não tivesse nada de sobrenatural a temer, ele se transformaria num monstro bestial e sanguinário (o que, de certo modo, ele já é, sob a fina casca de sociabilidade). Eis por que ele próprio criticava muitas das obras clandestinas que traziam a marca da filosofia de Espinosa (cujo panteísmo, para ele, não passava de um ateísmo disfarçado). Pelo visto, nem mesmo o grande Voltaire consegue pensar numa moral que se sustente sem castigos ou recompensas e, pelo menos nesse ponto, não parece acreditar tanto assim nos poderes da razão. Mas, como ele deixa claro em sua "profissão de fé", o teísmo é uma religião, embora seja uma religião pautada na razão e no bom senso. Pode ser. Mas, como todas as outras, ela acaba resvalando para o insondável mundo da transcendência e das coisas que só se erguem das sombras quando a própria razão adormece.

FILOSOFIA CLANDESTINA
Cinco tratados franceses do século XVIII

O verdadeiro filósofo[1]

César Chesneau du Marsais

Não há nada mais comum e que custe menos para adquirir, hoje em dia, que o nome de filósofo: uma vida obscura e retirada, alguma aparência de sabedoria com um pouco de leitura são suficientes para atrair esse nome para algumas pessoas que se honram com ele sem merecê-lo.

Outros, que tiveram força para se desfazer dos preconceitos da educação em matéria de religião, consideram-se os únicos filósofos verdadeiros. Algumas luzes naturais da razão, e algumas observações sobre o espírito e o coração humanos, fizeram com que vissem que nenhum ser supremo exige um culto dos homens; que a multiplicidade das religiões, sua contrariedade e as diferentes transformações

---

1. Edição original: *Le vrai philosophe. Opuscules philosophiques et littéraires, la plupart posthumes ou inédites* (Paris, Imprimerie de Chevet, 1796), pp. 133-67.

que acontecem em todas elas são uma prova sensível de que nunca houve nenhuma revelação; e que a própria religião não passa de uma paixão humana, como o amor, filha da admiração, do temor e da esperança. Contudo, eles permanecem estacionados nessa única especulação e isso é o suficiente, hoje em dia, para ser reconhecido como filósofo por um grande número de pessoas.

No entanto, deve-se ter uma idéia mais ampla e mais justa do filósofo, e eis aqui o caráter que nós lhe atribuímos.

O filósofo é uma máquina humana, como qualquer outro homem. Mas é uma máquina que, por sua constituição mecânica, reflete sobre seus movimentos. Os outros homens são determinados a agir sem sentir nem conhecer as causas que os fazem agir e se mover, e sem mesmo imaginar que elas existem.

O filósofo, ao contrário, desvenda essas causas tanto quanto está ao seu alcance e, muitas vezes, chega a preveni-las e entrega-se a elas com conhecimento: ele é um relógio que, por assim dizer, monta-se algumas vezes por si mesmo. Desse modo, ele evita os objetos que podem causar-lhe sentimentos que não convêm nem ao bem-estar nem ao ser racional, e procura aqueles que podem despertar-lhe afecções convenientes ao estado em que se encontra.

A razão é, com relação ao filósofo, aquilo que a graça é com relação ao cristão no sistema de Santo Agostinho: a graça determina o cristão a agir voluntariamente; a razão determina o filósofo, sem lhe tirar o gosto de agir por vontade própria.

Os outros homens são levados por suas paixões, sem que as ações que façam sejam precedidas pela reflexão: esses são homens que caminham nas trevas, enquanto o filósofo, mesmo em suas paixões, só age depois de refletir. Ele caminha na noite, mas é precedido de um archote.

O filósofo constitui seus princípios com base em uma infinidade de observações particulares. O povo adota o princípio sem pensar nas observações que o produziram; acredita que o preceito exista, por assim dizer, por si próprio. O filósofo, porém, considera o preceito desde sua fonte. Examina sua origem, conhece seu valor próprio e faz dele apenas o uso que lhe convém.

A partir desse conhecimento de que os princípios não nascem senão das observações particulares, o filósofo adquire estima pela ciência dos fatos. Ele gosta de instruir-se sobre os detalhes e sobre tudo aquilo que não pode ser adivinhado. Dessa forma, ele considera como uma máxima, bastante oposta ao progresso das luzes do espírito, limitarmo-nos somente à meditação e acreditarmos que o homem não tira a verdade senão de seus próprios fundamentos.

Alguns metafísicos dizem: "Evitai as impressões dos sentidos, deixai para os historiadores o conhecimento dos fatos e o das línguas para os gramáticos". Nosso filósofo, ao contrário, persuadido de que todos os nossos conhecimentos nos vêm dos sentidos, de que só formulamos regras com base na uniformidade das impressões sensíveis e de que estamos no fim de nossas luzes, quando nossos sentidos não são nem bastante penetrantes nem bastante fortes para no-las fornecer, e convencido de que a fonte de nossos conhecimentos está inteiramente fora de nós, ele nos exorta a fazer uma ampla provisão de idéias, entregando-nos às impressões exteriores dos objetos, mas entregando-nos a elas como um discípulo que consulta e escuta, e não como um mestre que decide e impõe silêncio. Ele quer que estudemos a impressão precisa que cada objeto produz em nós e que evitemos confundi-la com aquela que um outro objeto causou.

Daí a certeza e os limites dos conhecimentos humanos. *Certeza*, quando se sente que se recebeu de fora a impressão apropriada e precisa que cada juízo supõe, porque todo juízo supõe uma impressão exterior que lhe é peculiar. *Limites*, quando não é possível receber impressões, seja pela natureza do objeto, seja pela fraqueza de nossos órgãos. Aumentai, portanto, se for possível, a potência de vossos órgãos e aumentareis o número de vossos conhecimentos. Não foi senão depois da descoberta do telescópio e do microscópio que se fizeram tantos progressos na astronomia e na física.

É também para aumentar o número de seus conhecimentos e de suas idéias que o filósofo estuda os homens de antigamente e os homens de hoje. "Espalhai-vos como abelhas", diz ele, "no mundo passado e no mundo presente, e retornai em seguida à vossa colméia, a fim de fabricar o vosso mel."

O filósofo dedica-se ao conhecimento do universo e de si próprio. Contudo, da mesma forma como o olho não consegue se ver, o filósofo sabe que não poderia se conhecer perfeitamente, já que não poderia receber impressões exteriores de dentro de si mesmo e não conhecemos nada a não ser através de semelhantes impressões. Esse pensamento não tem nada de aflitivo para ele, porque ele se considera tal como é, e não tal como parece à imaginação que ele poderia ser. Aliás, essa ignorância não é, nele, uma razão para decidir que é composto de duas substâncias opostas. Assim, como não se conhece perfeitamente, ele diz *que não conhece como pensa*, mas, como ele sente que pensa independentemente de todo o seu *eu*, ele reconhece que sua substância é capaz de pensar da mesma maneira que é capaz de ouvir e de ver. O pensamento é, no homem, um sentido tal como a visão e a audição, dependendo igualmente de uma constituição orgânica. Só o ar é capaz de transmitir sons, só o fogo pode despertar o calor, só os olhos podem ver, só os ouvidos podem ouvir e só a substância do cérebro é suscetível de pensamento.

Se os homens têm tanta dificuldade para unir a idéia do pensamento com a idéia da extensão, é porque eles nunca viram a extensão pensar. Eles são, com relação a isso, como um homem que nasceu cego é com relação às cores ou como um surdo de nascença é com relação aos sons: estes não conseguiriam unir essas idéias com a extensão que eles apalpam, porque jamais presenciaram essa união.

A verdade não é, para o filósofo, uma amante que corrompe sua imaginação e que ele acredita encontrar em toda parte. Ele contenta-se em poder desvendá-la onde pode percebê-la; não a confunde com a verossimilhança; considera verdadeiro aquilo que é verdadeiro, falso aquilo que é falso, duvidoso aquilo que é duvidoso e verossímil aquilo que é apenas verossímil. Ele faz mais, e eis aqui uma grande perfeição do filósofo: é que, quando não tem nenhum motivo apropriado para julgar, ele sabe permanecer indeterminado. Cada juízo supõe, como já foi observado, um motivo exterior que deve provocá-lo. O filósofo sente qual deve ser o motivo apropriado do juízo que ele deve formular. Faltando o motivo, ele não julga; espera por ele e se consola quando vê que o esperava inutilmente.

O mundo está repleto de pessoas de espírito, e de muito espírito, que julgam sempre e sempre adivinham: porque é adivinhar julgar sem sentir que se tem motivo apropriado para o julgamento. Elas ignoram o alcance do espírito humano. Acreditam que podem conhecer tudo. Assim, consideram vergonhoso não emitir um juízo e imaginam que o espírito consiste em julgar tudo ousadamente. Entretanto, o filósofo acredita que o espírito consiste em julgar bem. Fica mais contente consigo mesmo quando suspendeu a faculdade de se determinar do que se tivesse se determinado antes de ter sentido o motivo apropriado para a decisão. Desse modo, ele julga e fala menos, mas julga mais seguramente e fala melhor.

Ele não evita de modo algum os aspectos vivazes que se apresentam naturalmente ao espírito e uma determinada reunião de idéias que surpreende por sua novidade e diverte na conversação. É nessa pronta ligação que consiste aquilo que se chama comumente de espírito – mas isso também é aquilo que ele menos procura. Ele prefere, a esse brilho, o cuidado de bem distinguir as idéias e de lhes conhecer a justa extensão e a ligação precisa. Prefere evitar deixar-se enganar, levando demasiado longe algumas relações particulares que as idéias têm entre si. É nesse discernimento que consiste aquilo que se chama de juízo e de justeza de espírito.

A essa justeza, somam-se ainda a flexibilidade e a clareza. O filósofo não está de tal modo aferrado a um sistema que não sinta toda a força das objeções. A maior parte dos homens está tão fortemente entregue às suas opiniões que nem sequer se dá o trabalho de tentar compreender as dos outros.

O filósofo compreende o sentimento que ele rejeita com a mesma extensão e clareza com que entende o sentimento que adota.

O espírito filosófico é, portanto, um espírito de observação e de justeza, que vincula tudo aos seus verdadeiros princípios. Entretanto, não é apenas o espírito que o filósofo cultiva; ele leva mais longe sua atenção e seus cuidados.

O homem não é de modo algum um monstro que deva viver apenas nos abismos do mar ou no fundo de uma floresta. As simples necessidades da vida lhe tornam necessário o relacionamento com os outros, e, em qualquer estado em que ele possa se encontrar, suas necessidades e seu bem-estar o convidam a viver em sociedade. Dessa forma, a razão exige dele que conheça, estude e trabalhe para adquirir as qualidades sociáveis.

É surpreendente que os homens prestem tão pouca atenção a tudo aquilo que diz respeito à prática e que fiquem tão acalorados em torno de vãs especulações. Vede a desordem que tantas heresias diferentes têm causado. Elas sempre giram em torno de pontos teóricos: ora se trata do número das pessoas da Trindade e de sua emanação, ora do número dos sacramentos e de sua virtude, ora da natureza e da força da graça. Quantas querelas, quantas perturbações por causa de alguns pontos de doutrina que seu espírito não pode conceber e nem, por conseguinte, discutir!

O povo filósofo está sujeito às mesmas visões. Quantas disputas frívolas nas escolas! Quantos livros sobre vãs questões! Uma palavra bastaria para decidi-las: faria ver que são insolúveis. Uma seita, hoje famosa, censura as pessoas eruditas por deixarem de lado o estudo de seu próprio espírito para encherem a memória com fatos e investigações sobre a Antigüidade. E nós censuramos a ambos por não se preocuparem em se tornar amáveis e por terem entrado na sociedade para coisa nenhuma.

Nosso filósofo não crê estar exilado neste mundo; não acredita estar em país inimigo. Ele quer desfrutar, como sábio ecônomo, dos bens que a natureza lhe oferece; quer encontrar prazer com os outros e, para encontrá-lo, é preciso causá-lo. Assim, ele procura convir àqueles com quem o acaso ou sua escolha o fazem viver, e ao mesmo tempo encontra aquilo que lhe convém. É um homem honesto[2], que quer agradar e tornar-se útil.

A maior parte das pessoas importantes, cujas dissipações não deixam tempo bastante para meditar, são ferozes com aqueles que elas crêem não serem seus iguais. Os filósofos comuns, que meditam em demasia – ou, antes, que meditam mal –, são ferozes para com todo mundo: eles fogem dos homens, e os homens os evitam.

Nosso filósofo, porém, que sabe se dividir entre o retiro e a relação com os outros homens, está cheio de humanidade. Ele é como o Cremes[3] de Terêncio, que sente que é um homem e que somente a humanidade faz com que nos interessemos pela boa ou pela má fortuna de nossos vizinhos[4]. *Homo sum, et nihil humani a me alienum puto*[5].

---

2. Aqui, "homem honesto" não define apenas alguém probo e honrado, mas o indivíduo que soma a essas qualidades a civilidade. (N. de T.)
3. Personagem da peça teatral *Heautontimoroumenos* [O homem que puniu a si mesmo], do comediógrafo romano Terêncio (século II a.C.). (N. de T.)
4. A frase, no texto de 1796, termina em "má fortuna". O complemento encontra-se na edição de 1743 e foi aproveitado por tornar o texto mais claro. (N. de T.)
5. "Sou homem, e nada daquilo que diz respeito à humanidade deve ser estranho a mim" (Terêncio, *Heautontimoroumenos,* ato I, cena 1). (N. de T.)

Seria inútil observar aqui quanto o filósofo é ciumento de tudo aquilo que se chama de honra e de probidade: eis aí sua única religião. A sociedade civil é, por assim dizer, a única divindade que ele reconhece sobre a terra. Ele a louva e a honra por intermédio de sua probidade, de uma atenção exata para com seus deveres e de um desejo sincero de não ser um membro inútil ou incômodo para ela.

Os sentimentos de probidade entram tanto na constituição mecânica do filósofo quanto as luzes do espírito. Quanto mais razão encontrardes em um homem, mais probidade encontrareis nele. Ao contrário, onde reinam o fanatismo e a superstição, reinam as paixões e o arrebatamento. É o mesmo temperamento em toda parte, mas ocupado com objetos diferentes: Madalena que ama o mundo e Madalena que ama a Deus é sempre Madalena que ama.

Ora, o que torna o homem honesto não é agir por amor ou por ódio, por esperança ou por temor; é agir por espírito de ordem ou por razão. *Oderunt peccare boni virtutis amore*[6]. Tal é o temperamento do filósofo.

Ora, quase que só é possível contarmos com as virtudes do temperamento. Confiai vosso vinho, de preferência, a quem naturalmente não o aprecia, em vez de confiá-lo a

---

6. "Os bons abstêm-se de pecar por amor à virtude" (Horácio, *Epístolas*, I, 16). (N. de T.)

quem toma todos os dias novas resoluções de nunca mais se embriagar.

O devoto só é honesto por paixão, e as paixões nada têm de seguro. Além do mais, o devoto – atrevo-me a dizê-lo – tem o costume de não ser honesto com relação a Deus, porque ele tem o costume de não seguir exatamente a sua regra. A religião é tão pouco proporcional à humanidade, que até o mais justo comete infidelidades para com Deus sete vezes por dia, ou seja, várias vezes. As freqüentes confissões dos mais devotos nos fazem ver, em seu coração, segundo a sua maneira de pensar, uma contínua alternância entre o bem e o mal. É suficiente, nesse ponto, que se acredite culpado para sê-lo.

Esse eterno combate, no qual o homem tantas vezes sucumbe com conhecimento, constitui nele um hábito de sacrificar a virtude ao vício. Ele acostuma-se a seguir suas inclinações e a cometer pecados, na esperança de redimir-se pelo arrependimento. Quando se é tantas vezes infiel para com Deus, a gente se dispõe insensivelmente a sê-lo também para com os homens.

Aliás, o presente sempre teve mais força sobre o espírito do homem do que o futuro. A religião só consegue conter os homens por intermédio de um futuro que o amor-próprio sempre faz com que seja encarado de um ponto de vista muito afastado. O supersticioso sempre se gaba de ter tempo para reparar suas faltas, evitar os castigos e merecer as recompensas. Assim, a experiência nos faz ver com bastante clareza que o freio da religião é bem frágil. Apesar das fábulas em que o povo acredita – o dilúvio, o fogo do céu caído sobre cinco cidades –, apesar das vívidas pinturas dos castigos e das recompensas eternas, apesar de tantos sermões e tantas pregações, o povo é sempre o mesmo. A natureza é mais forte que as quimeras. Parece que ela tem ciúme de seus direitos e muitas vezes escapa das correntes em que a cega superstição quer loucamente contê-la. Somente o filósofo, que sabe usufruir dela, consegue regulá-la através de sua razão.

Examinai todos aqueles contra os quais a justiça humana é obrigada a servir-se de seu gládio. Encontrareis temperamentos ardentes ou espíritos pouco esclarecidos, e sempre supersticiosos ou ignorantes. As paixões tranqüilas do filósofo bem podem levá-lo à volúpia, mas não ao crime. Sua razão cultivada o guia, e jamais o conduz à desordem.

A superstição faz sentir apenas de maneira frágil como é importante para os homens, com relação ao seu interesse presente, seguir as leis da sociedade. Ela condena até aqueles que as seguem somente por esse motivo, que ela chama com desprezo de "motivo humano". O quimérico é, para ela, bem mais perfeito que o natural. Desse modo, suas exortações operam apenas como deve operar uma quimera: elas perturbam, apavoram. Contudo, quando a vivacidade das imagens que elas produziram é amortecida, quando o fogo da imaginação se apaga, o homem fica sem luzes, abandonado às fraquezas de seu próprio temperamento.

Nosso sábio, que não espera nada nem teme nada depois da morte, parece perder um motivo a mais para ser um homem honesto durante a vida. No entanto, ele ganha com isso consistência, por assim dizer, e vivacidade no motivo que o faz agir: motivo que é tanto mais forte por ser puramente humano e natural. Esse motivo é a própria satisfação que ele encontra em estar contente consigo mesmo, seguindo as regras da probidade – motivo que o supersticioso só tem imperfeitamente, porque tudo que nele existe de bom ele deve atribuir à graça. A esse primeiro motivo, junta-se ainda um outro bastante poderoso: é o próprio interesse do sábio – um interesse presente e real.

Separai, por um momento, o filósofo do homem honesto: o que lhe resta? A sociedade civil, seu único deus, o abandona. Ei-lo privado das mais doces satisfações da vida; ei-lo banido sem retorno do relacionamento com as pessoas honestas. Dessa forma, é bem mais importante para ele do que para o resto dos homens dispor de todos os seus meios para produzir apenas efeitos que estejam em conformidade com a idéia do homem honesto. Não temei que, apenas porque ninguém tem os olhos nele, ele se entregue a uma ação contrária à probidade. Não, essa ação não está em conformidade com a disposição mecânica do sábio. Ele foi sovado, por assim dizer, com o fermento da ordem e da regra;

está repleto de idéias sobre o bem da sociedade civil e conhece os princípios desta bem melhor que os outros homens. O crime encontraria nele muitas oposições: haveria muitas idéias naturais e muitas idéias adquiridas para serem destruídas. Sua faculdade de agir é, por assim dizer, como uma corda de um instrumento musical afinada em um determinado tom. Ela não poderia produzir um tom contrário: ele teme desafinar, ficar em desacordo consigo mesmo. E isso me faz recordar aquilo que Veleius[7] diz sobre Catão de Útica[8]: "Ele jamais praticou uma boa ação para parecer que a praticou, mas porque não estava nele fazer de outro modo". *Numquam recte fecit, ut facere videretur, sed quia aliter facere non poterat*[9].

Aliás, em todas as ações que os homens praticam, eles procuram apenas sua própria satisfação atual. É o bem, ou melhor, o atrativo presente, segundo a disposição mecânica em que eles se encontram, que os faz agir. Ora, por que quereis que o filósofo, que não espera nem castigo nem recompensa após esta vida, deva achar um atrativo presente que o leve a vos matar ou enganar? Não estará ele, ao con-

---

7. Veleius Paterculus (20 a.C.–30 d.C.), militar e historiador romano. (N. de T.)
8. Marcus Porcius Cato Uticencis, também conhecido como Catão, o Jovem (95–46 a.C.), político romano que foi adversário de César e cuja generosidade se tornou proverbial. Conta-se que, após o nascimento de seu terceiro filho, ele entregou sua esposa Márcia a um amigo solteiro, a fim de que este também pudesse tornar-se pai. (N. de T.)
9. Veleius Paterculus, *História Romana*, livro II, 35. (N. de T.)

trário, disposto, por suas reflexões, a encontrar mais atrativos e prazer em viver convosco, em atrair para si vossa confiança e vossa estima, em cumprir os deveres da amizade e do reconhecimento? Esses sentimentos não estão no coração do homem independentemente de qualquer crença acerca do futuro? Ou, mais uma vez, a idéia do homem desonesto é tão oposta à idéia de filósofo quanto a idéia de estúpido. E a experiência faz ver todos os dias que, quanto mais se tem razão e luzes, mais se está seguro e preparado para as relações da vida. Um tolo não tem fibra suficiente para ser bom[10]. Nós só pecamos porque as luzes são mais fracas que a paixão. É uma máxima da teologia muito verdadeira, em um certo sentido, que todo pecador é ignorante: *Omnis peccans est ignorans*[11].

Esse amor pela sociedade, tão essencial ao filósofo, faz ver como é verdadeira a observação do imperador Antonino: "Os povos serão felizes quando os reis forem filósofos, ou quando os filósofos forem reis".

O supersticioso, elevado aos maiores cargos, vê-se demasiado como um estranho na terra para interessar-se verdadeiramente pelos outros homens. O desprezo pela grandeza e pelas riquezas e os outros princípios da religião – apesar das interpretações que se foi obrigado a lhes dar –

---

10. Trata-se de uma das *Máximas* de François de la Rochefoucauld. (N. de T.)
11. São Tomás de Aquino. (N. de T.)

tendem a destruir tudo aquilo que pode tornar um império feliz e florescente.

O entendimento que se deixa cativar pelo jugo da fé torna-se incapaz da amplitude de visão que é exigida para governar, e que é tão necessária para exercer os cargos públicos. Ela faz o supersticioso acreditar que foi um ser supremo que o elevou acima dos outros homens: é para esse ser, e não para o público, que se volta seu reconhecimento.

Seduzido pela autoridade que lhe confere sua condição – e à qual os outros homens quiseram se submeter para estabelecer entre si uma ordem precisa –, ele facilmente se persuade de que foi promovido apenas para sua própria felicidade, e não para trabalhar pela felicidade dos outros. Considera-se a finalidade última de sua dignidade, que, no fundo, não tem outro objetivo senão o bem da república e dos indivíduos que a compõem. De bom grado, eu entraria aqui em mais detalhes. Todavia, percebe-se bastante bem quanto a república deve tirar mais proveito daqueles que, elevados às grandes posições, estão repletos das idéias da ordem e do bem público e de tudo aquilo que se chama de humanidade. Seria de se desejar que pudessem ser excluídos todos aqueles que, pelo caráter de seu espírito ou por sua má educação, estão repletos de outros preceitos.

O filósofo é, portanto, um homem que age em tudo por intermédio da razão e que junta a um espírito de reflexão e de justeza os costumes e as qualidades sociáveis.

A partir dessa idéia, é fácil concluir o quanto o sábio insensível dos estóicos está distante da perfeição de nosso filósofo. Queremos um homem, e o sábio estóico não passava de um fantasma. Eles enrubesciam por causa da humanidade, enquanto nós fazemos dela nossa glória. Queremos tirar proveito das paixões, queremos fazer delas um uso racional e, por conseguinte, possível, e eles queriam loucamente aniquilar as paixões e nos pôr abaixo de nossa natureza por meio de uma insensibilidade quimérica. As paixões ligam os homens entre si, e essa ligação é para nós um doce prazer. Nós não queremos destruir nossas paixões nem ser destruídos por elas, mas queremos nos servir delas e regulá-las.

Vê-se ainda, por tudo aquilo que acabamos de dizer, o quanto se afastam da justa idéia do filósofo esses indolentes que, entregues a uma meditação preguiçosa, negligenciam o cuidado de seus negócios temporais e de tudo aquilo a que se chama "fortuna". O verdadeiro filósofo não é de modo algum atormentado pela ambição. No entanto, ele quer ter as doces comodidades da vida. Ele precisa – além do estritamente necessário – de um honesto supérfluo, necessário a um homem honesto, e que é a condição para ser feliz. É o fundamento da decência e dos deleites.

A pobreza priva-nos do bem-estar, que é o paraíso do filósofo: ela expulsa para longe de nós todas as delicadezas sensíveis e afasta-nos do relacionamento com as pessoas honestas.

Aliás, quanto mais se tem o coração bem formado, mais se encontram ocasiões para sofrer com sua miséria: ora é um prazer que não podeis proporcionar a vosso amigo, ora é uma oportunidade de manifestar-lhe vosso reconhecimento que não sabeis aproveitar. Vós vos fazeis justiça no fundo de vosso coração, porém ninguém pode penetrá-lo. E, quando fosse conhecida vossa boa disposição, não seria um mal que ela não pudesse ser trazida à luz?

Na verdade, nós não temos menos estima por um filósofo pelo fato de ele ser pobre. No entanto, nós o banimos de nossa sociedade se ele não trabalha para se livrar de sua miséria. Não é porque temamos que ele se transforme em uma carga para nós (nós o ajudaremos em suas necessidades), mas porque não acreditamos que a indolência seja uma virtude.

A maior parte dos homens que faz uma idéia falsa do filósofo imagina que o estrito necessário é o bastante para ele: foram os falsos filósofos que fizeram nascer esse preconceito através de sua indolência e de alguns preceitos deslumbrantes. É sempre o maravilhoso que corrompe o racional. Existem sentimentos baixos que aviltam o homem abaixo mesmo da pura animalidade; existem outros que parecem elevá-lo acima dele próprio. Nós condenamos igualmente a ambos, porque não convêm de modo algum ao homem. É corromper a perfeição de um ser arrancá-lo para fora daquilo que ele é, a pretexto mesmo de elevá-lo[12].

O filósofo se experimenta e se examina mais ainda por dentro que por fora. Sabe que a natureza quis torná-lo perfeito, desde o nascimento, fornecendo-lhe todos os meios suficientes para conduzir-se com prudência. Desfaz-se pouco a pouco da complacência para com esse corpo mortal. Destrói a imunda volúpia que penetra até a alma e expulsa o temor da dor e da morte. Depois disso, escolhe para si uma religião pura, simples, clara e livre, que não seja dependente dos preconceitos ou da autoridade. Sua religião não é de modo algum incompreensível, complicada por falsos princípios, fundamentada em fantasias repletas de contradições ou de fábulas ridículas. Ela nada tem de supersticiosa, seu brilho não lhe é dado por cerimônias pueris, e o despotismo, as crueldades e a violência não a sustentam. O filósofo submete tudo à luz natural e ao raciocínio. Só a evidência o faz discernir entre o falso e o verdadeiro. Ele desvenda sem

---

12. Na maioria das edições, o texto de Du Marsais acaba aqui, apenas com a adição do seguinte parágrafo: "Eu tinha vontade de terminar falando de alguns preconceitos comuns ao povo filosófico, porém não quero fazer um livro. Que eles percam as ilusões: eles têm preconceitos como o resto dos homens e, sobretudo, naquilo que concerne à vida civil: libertos de alguns erros, dos quais os próprios libertinos sentem a fragilidade – e que praticamente só predominam, hoje em dia, entre o povo, os ignorantes e aqueles que não tiveram tempo disponível para a meditação –, eles acreditam ter feito tudo. Contudo, se trabalharam sobre o espírito, que se lembrem de que ainda têm de trabalhar sobre aquilo que se chama coração, e sobre a ciência da consideração". (N. de T.)

tardar aquilo que se segue das noções certas ou aquilo que lhes é oposto. Dessas induções, conclui que a sabedoria é o laço sagrado que une todos os homens, e a mãe dos verdadeiros prazeres.

A liberdade que reina em sua conduta está muito distante da licenciosidade. Ele tem um grande interesse pela modéstia, a continência, a justiça e todas as virtudes humanas, que ele exerce com humildade, sem outro objetivo senão o de fazer o bem a si próprio, obsequiando todo mundo.

Os modos do filósofo não devem ser de modo algum tristes nem demasiado sérios. São polidos, agradáveis, isentos de qualquer vício, de qualquer censura e até mesmo de qualquer suspeita. Ele não persegue de nenhuma maneira aqueles que pensam de forma diferente da dele, se são pessoas honestas e pacíficas. Longe de atormentá-los, trata-os com carinho, porque sabe que o homem é a própria fraqueza e quase sempre só faz passar de um erro a outro. Ele não aprova cegamente tudo que disseram ou fizeram os príncipes e as pessoas mais importantes do povo em todos os tempos; foge de seus preceitos, a partir do momento em que estes se afastam da verdade, e abençoa os que fizeram bem ao gênero humano, de qualquer império ou de qualquer religião que sejam.

A força da superstição é algo tão imperioso que sempre se farão esforços vãos para extirpá-la inteiramente do coração humano. Entretanto, o filósofo faz tudo aquilo que está ao seu alcance para arrancar os dentes e cortar as garras desse monstro pernicioso.

Deve-se considerar o filósofo um profeta oriundo de uma nação misturada, cujo espírito foi cultivado no estudo das coisas mais sublimes, porém mais obscuras, assim como eram os druidas e os discípulos de Pitágoras. Quando os príncipes e os políticos são filósofos, eles agem com essa disposição de espírito e experimentam a liberdade de pensar, que é tão vantajosa para o progresso das belas-letras, para o comércio e para a paz de todo o mundo. Mas os supersticiosos e os hipócritas não tiram sua máscara. O temor estabelece sua religião: eles têm necessidade das rapinas, das torturas, dos aprisionamentos, dos exílios e dos cadafalsos.

Talvez venha daí o sistema de constituir uma opinião para si e uma outra para o público. Ele era conhecido e seguido por todos os antigos filósofos que se impressionaram com a morte de Sócrates. E, imitando-os, o sábio moderno faz disso o princípio de seu repouso, com relação à alma, e de sua tranqüilidade na sociedade civil. Existem, portanto, duas doutrinas: uma é exterior, popular, acomodada aos interesses de uma vida tranqüila e aos preceitos que vigoram no lugar onde ele vive. O sábio dispensa-se, o mais que pode, de parecer combatê-la de fora. A outra, interior, totalmente especulativa, refere-se – tanto quanto está em seu poder – à natureza das coisas, seguindo suas idéias mais simples e em conformidade apenas com a verdade que lhe foi permitido perceber, segundo toda a extensão de suas luzes. Contudo, ele só trata dessa doutrina nua, íntegra, despojada de qualquer artifício e das trevas da escola, a portas fechadas e com alguns amigos de prudência e probidade reconhecidas.

Quando se conhece o caráter dos homens em geral, reconhece-se que o filósofo age com muita sabedoria ao conduzir-se desse modo. E eis por quê: nenhuma seita, nenhuma religião suporta que a contradigam, nem que tratem como erro ou falsidade suas leis e momices. Tudo lhes caiu do céu por ordem e intermédio de um deus, embora se descubra em toda parte a mão do homem (se quisermos acreditar nisso). Suas imaginações mais absurdas não têm nada que não seja maravilhoso e absolutamente necessário, embora seja fácil reconhecer que se trata da obra de um espírito menos esclarecido, porém mais ousado, repleto de ficções vãs e monstruosas e muitas vezes até perigosas em suas conseqüências.

Entre tantas opiniões diferentes, o filósofo conclui que certamente só se deve encontrar uma que seja verdadeira, a menos que se considere impossível que exista alguma que seja segura e bem fundamentada. É por isso que ele só age com as pessoas preconceituosas como as babás fazem com as crianças, sempre imaginando que devemos achá-las as coisinhas mais bonitas desse mundo. Quando não mimamos as crianças e não as distraímos com alguma bobagem, tornamo-nos odiosos para elas, insuportáveis. Do mesmo modo, qualquer um que não adote os pensamentos dos devotos supersticiosos se torna desagradável. Por mais virtudes que reconheçam nele, acreditam que ele é indigno de qualquer sociedade e não lhe prestam nenhum dos serviços que a humanidade exige até mesmo dos bárbaros. Procuram privá-lo, nesse mundo, dos recursos mais essenciais e, depois da morte, ainda o ameaçam com uma vingança eterna.

Em meio a tantos escolhos, o filósofo está em segurança. Sem ódio por uns e sem amor pelos outros, ele mostra civilmente o caminho a quem quer que nele queira entrar e exercita com cordialidade a troca de serviços recíprocos mesmo com os homens que não querem ser esclarecidos. Ele se impôs como lei não odiá-los de maneira alguma por causa de suas opiniões diferentes. Procura-os, no entanto, de qualquer religião que sejam, quando são homens de boa-fé. Somente a perversidade dos costumes é contagiosa. Devemos perdoar todos os desvios e todas as fraquezas do espírito que não influem no coração nem na conduta.

O filósofo não procura, portanto, de modo algum, punir nem desonrar ninguém por sua maneira de pensar; não exorta nem incita quem quer que seja a manchar-se com um semelhante atentado. Ele deixa esse furor para o falso zelo. Julga por conta própria, não segundo a decisão dos outros, mas pela própria ciência, sem se deter nos aplausos ou na crítica. Pensa em adornar seu coração com as virtudes amáveis e seu espírito com as luzes consoladoras, com o objetivo de tornar-se mais útil a si mesmo, à sua pátria, aos seus amigos e a todos os homens. Desejaria ascender a esse ponto de eminente perfeição, digno objeto dos desejos de todo homem de bem (é possível ser um homem de bem com outros sentimentos?). Toda ciência que não nos torna melhores é inútil e quase sempre perigosa.

Deixo todos os outros preconceitos para o povo filósofo. Ele os tem como o resto dos homens e, sobretudo, naquilo que diz respeito à vida. Os falsos sábios, libertos de alguns erros – cuja fragilidade os próprios libertinos[13] sentem e que, hoje em dia, quase só comandam os espíritos tacanhos, os ignorantes e aqueles que não tiveram tempo disponível para a meditação –, acreditam ter feito tudo. No entanto, saibam eles que, por terem trabalhado sobre o espírito, eles ainda têm muito trabalho a fazer sobre aquilo que se chama de coração e de ciência da consideração[14].

---

13. No contexto, esta palavra designa um indivíduo que não se submete às leis da religião, em relação às crenças ou às práticas. (N. de T.)
14. Algumas pessoas atribuíram esse retrato do filósofo a Helvétius. É um erro, ele é certamente de Dumarsais. (N. da ed. fr.)

Breviário filosófico ou História do judaísmo, do cristianismo e do deísmo em 33 versos

Giuseppe Antonio Giachimo Cerutti
Pelo falecido rei da Prússia; e em 33 notas, por um célebre geômetra[1]

Prefácio

O falecido rei da Prússia[2] esteve ligado por toda a sua vida aos melhores poetas e aos melhores matemáticos. Essa ligação é mais honrosa para o seu caráter que todas as suas alianças: ela foi, ao menos, mais constante. Esse príncipe me perguntou, em uma de suas cartas, qual seria o método mais lesto para arrancar, da cabeça dos povos, a infame superstição dos judeus e dos cristãos. "Três dezenas de versos fáceis de guardar", respondi-lhe, "e o mesmo número de notas interessantes, mas curtas." "Encarregai-vos das notas", escreveu-me esse monarca, "e eu me encarrego dos

---

1. Edição original: *Bréviaire philosophique ou Histoire du judaïsme, du christianisme et du déisme, en trente-trois vers; par le feu roi de Prusse; et en trente-trois notes; par un célèbre géomètre* ([S. l., s. n.], 1791).
2. Frederico II (1712–1786). (N. de T.)

versos." Foram os últimos que fez. É seu testamento poético, que vale tanto quanto o de Moisés e o de Jesus. Jesus e Moisés legaram-nos o fanatismo, Frederico legou-nos o bom senso. Fiel à nossa convenção religiosa, comentei cada um de seus versos com uma nota geométrica: Newton[3] decompôs a luz, e eu decompus as trevas.

História do judaísmo, do cristianismo e do deísmo em 33 versos

1. Em um jardim temporão, Adão, ao lado de Eva,
2. Preparava, dos humanos, o berço paternal.
3. A serpente ali introduziu-se furtivamente: seu bafo
   [criminoso
4. Da árvore da vida, a seiva envenenou.
5. Tudo foi perdido. Maculado por um vício original,
6. O embrião foi condenado no ventre materno.
7. Contra o Todo-Poderoso, o mundo rebelou-se:
8. O inferno por uma maçã! Adonai[4] cruel!
9. Nero, Tibério ou Cromwell teriam feito pior?
10. Jeová arrependeu-se. Ele concedeu uma trégua.
11. Moisés, desse contrato, é a solene testemunha.
12. Acompanhado da arca, e precedido da espada,
13. Para a Terra Prometida ele guiou Israel:

---

3. Isaac Newton (1642–1727), filósofo, físico e astrônomo inglês, autor do célebre *Philosophiae Naturalis Principia Mathematica*. (N. de T.)
4. Um dos nomes que os hebreus davam à divindade. (N. de T.)

14. Moribundo, ele anunciou o Cristo, o Emanuel[5],
15. O Messias. À menção desse nome, o universo se anima,
16. E da nuvem aberta espera o imortal...
17. Ao nascer de um dia puro, no momento de um belo
[sonho,
18. À tocante voz do terno Gabriel,
19. Nos flancos de uma virgem, um deus caiu do céu:
20. Ele nasce, prega, morre. O papado eleva-se.
21. A tiara, a batina, a estola e o missal
22. Iriam fazer do mundo um claustro universal...
23. Lutero salvou o Norte, Calvino salvou Genebra,
24. Mas ele queimou Servet[6] e baniu Farel[7].
25. Henrique[8], com o machado nas mãos, despedaçou o
[antigo altar.
26. Com ele, uma única dúvida conduzia à Place de Grève[9]:
27. Ele inventou o infame ritual do *Test*[10].

---

5. Cristo: "Eis que a Virgem conceberá e dará à luz um filho, que se chamará Emanuel, que significa *Deus conosco*" (Mateus, 1, 23). (N. de T.)
6. Michel Servet (1511–1553), médico e teólogo espanhol que foi queimado em Genebra após ter sido denunciado por Calvino. (N. de T.)
7. Guilherme Farel (1489–1565), reformador religioso francês que atuou na Suíça e foi amigo de Calvino, com quem acabou por se desentender. (N. de T.)
8. Henrique VIII, rei da Inglaterra entre 1509 e 1547. Rompeu com a Igreja católica e fundou o anglicanismo. (N. de T.)
9. Praça parisiense onde eram realizadas as execuções dos criminosos mais importantes; atual praça do Hôtel-de-Ville. (N. de T.)
10. O juramento do *Test*, estabelecido em 1673 (e abolido em 1828), obrigava todos os funcionários públicos ingleses a declarar que não acreditavam de modo algum na transubstanciação (ou seja, na transformação do pão e do vinho na carne e no sangue de Cristo). (N. de T.)

28. De uma escola mais justa, aluno independente,
29. Penn[11] foi o primeiro a construir um templo fraterno,
30. Onde a fé vive sem padres e disputa sem fel.
31. Voltaire surgiu, enfim, e a obra foi concluída:
32. Ele ensinou à terra um culto natural
33. E libertou o Eterno de sua máscara pavorosa.

Notas

(1) Havia, no paraíso terrestre, segundo o autor do Gênesis, cinco personagens: Deus, Rafael, Adão, Eva e a serpente. Esses cinco personagens representam, para nós, um pequeno império oriental. Deus é o sultão colérico; Rafael, o eunuco ciumento; Adão, o marido cego; Eva, a mulher crédula; e a serpente, um enredeiro invejoso e finório. Entre eles, esses cinco compõem uma corte igual a muitas outras.

(2) O paraíso dos gregos era um bosquezinho, um elísio; o dos assírios e dos hebreus, um jardim, um pomar; o dos árabes, uma cisterna e um serralho; o dos citas, um campo, uma tenda; o dos celtas, uma floresta de carvalhos; e o dos antigos tedescos ou teutônicos, uma taberna, onde seu deus Odin lhes dava de beber no crânio de seus inimigos. Os sicambros, de quem descendemos, adoravam três

---
11. William Penn (1644–1718), *quaker* inglês, fundador e legislador da colônia norte-americana da Pensilvânia. (N. de T.)

lanças fincadas no meio do seu exército (a flor-de-lis nos vem daí e nos lembram a trindade guerreira de nossos antepassados). Cada povo inventa para si um deus e um céu de acordo com seus costumes.

Deus fez o coração humano; o coração humano fez Deus.

(3) O *Adão* de Moisés não é outro senão o *Adimo* de Brama. Um significa "a lama", em siríaco, e o outro, "a terra", em hindu. Do mesmo modo, *Eva* não é outra senão *Procritis*, porque os dois nomes querem dizer igualmente, nas duas línguas, "a vida". Aparentemente, a Índia foi a terra natal dos homens e das religiões; estas eram uma mistura de verdades e fábulas. As fábulas foram guardadas de cor, e as verdades foram esquecidas. É a memória da infância.

(4) A serpente desempenha algum papel em todas as religiões. Os brâmanes contavam a história da serpente que havia roubado do homem o elixir da imortalidade. Os choens, ou sacerdotes do Egito, utilizavam esse réptil como símbolo da eternidade. Em todos os tempos, na China, a imagem dos dragões alados foi o ornamento imperial e o paramento religioso. Por fim, a África inteira parece ser o templo das serpentes, que ela adora sob o nome de "fetiches" – o que quer dizer, na língua da região, "os amigos", "os hóspedes". Que hóspedes! Que amigos!

(5) A árvore da vida, a caixa de Pandora, o ovo de Orosmade[12], a fênix dos etíopes, a metempsicose[13] indiana, as encarnações de Vishnu[14] e de Sammonocodom[15]: tudo isso não passa do desgosto de morrer e da esperança de reviver. Os primeiros charlatões prometeram a imortalidade. No entanto, como suas receitas não impediam a morte, surgiram os segundos charlatões, que prometeram a ressurreição. Para torná-la mais fácil, os egípcios embalsamavam os cadáveres. Vi outrora, no gabinete do sr. de Caylus[16], uma múmia que datava do tempo dos faraós. Assim, alguns esqueletos duraram tanto quanto as pirâmides. Se esse uso *eternizador* fosse menos caro e mais comum, nós teríamos a Antigüidade inteira não viva, mas existente diante dos nossos olhos. E, se um monarca fosse bastante rico para recolher os mortos célebres em um palácio, esse palácio tornar-se-ia não o cemitério, mas o panteão do gênero humano.

(6) O autor do Gênesis estava lidando com um povo de ladrões. E sentiu prazer em fazê-lo descender de uma ladra de

---

12. O princípio do bem no zoroastrismo, oposto a Ariman. (Agradecemos a sugestão de Mariana Echalar para esta nota.) (N. de T.)
13. Teoria mística segundo a qual as almas dos indivíduos têm a capacidade de transmigrar para outros corpos. (N. de T.)
14. Deus hindu, responsável pela proteção e preservação do mundo. (N. de T.)
15. Divindade siamesa. (N. de T.)
16. Anne-Claude-Philippe de Tubières-Grimoard de Pestels de Lévis, conde de Caylus (1692–1765), arqueólogo e escritor francês, nascido em Paris. (N. de T.)

maçãs. Eva comeu o fruto proibido por curiosidade. Pandora, por curiosidade, abriu sua caixinha fatal. Por curiosidade, Psiquê feriu e perdeu seu amante imortal. Eu observo que: 1º) de todas essas mulheres curiosas e fabulosas, a mais interessante é a última; 2º) todos os contos antigos, assim como todos os contos modernos, giram em torno da fraqueza das mulheres.

(7) A riqueza dos primeiros humanos estava, assim como a dos povos do Taiti, em frutos. A árvore da fruta-pão talvez seja a árvore primitiva, a árvore da vida, e seu fruto, o pomo por excelência. Talvez, também, o senhor caldeu, chamado Jeová, cultivasse em seu éden ou pomar alguns ananases e reservasse esse fruto raro para si. A laranja, por sua cor e seu sabor, foi procurada em seguida. O guardião das Hespérides[17] era um dragão que vigiava em torno de uma laranjeira e vomitava chamas, assim como a espada de Rafael. Em poucas palavras: os primeiros ladrões do mundo foram os ladrões de frutos.

(8) Nenhum desses ladrões foi punido com tanto rigor quanto Adão e sua cúmplice. O mestre jardineiro Rafael era bem cioso de seu fruto, ou bem pobre em árvores

---

17. Nome dado às três filhas de Atlas, que possuíam um jardim cujas árvores davam frutos de ouro. Esse jardim era guardado por um dragão, que foi morto por Hércules, pois o herói precisava apoderar-se dos frutos, a fim de realizar um dos seus doze trabalhos. (N. de T.)

frutíferas! Só podemos comparar a dureza de Rafael à crueldade de Mehemet II[18], que fez estripar um pajem de sua corte para procurar em suas entranhas o melão que ele havia comido. Esta última história tem apenas duas inverossimilhanças: os melões eram comuns em Constantinopla e aí não se conheciam pajens.

(9) A definição das palavras é a verdadeira pedra de toque das idéias. Quereis avaliar com justeza a idéia do pecado original? Defini o pecado original. O que significa, com efeito, essa palavra? Um crime cometido antes do nascimento. Um feto, um embrião, um esperma culpado de lesa-divindade: que absurdo! O verdadeiro pecado original dos homens é a estupidez.

(10) Um momento de fraqueza punido com uma eternidade de sofrimentos e a raça humana proscrita, por inteiro, por culpa de um único homem são duas idéias que, erigidas em dogmas, perverteram a moral, falsificaram o juízo e desnaturaram a justiça. Esses dois dogmas sanguinários serviram de modelo e de desculpa para todos os códigos bárbaros estabelecidos entre nós. A eles se devem a ferocidade das leis judaicas e a atrocidade das leis cristãs.

---

18. Sultão otomano de 1451 a 1484. Conquistou Constantinopla em 1453. (N. de T.)

A eles se deve também, em grande parte, a desproporção de nossas leis penais. Os sacerdotes, os tiranos e os carrascos torturaram e fizeram em pedaços os homens que Deus condenava com tanta facilidade. Assim, a fábula de Eva é a fábula mais antimoral e a mais anti-religiosa que se possa imaginar. Desse modo, nós só podemos reformar Pussort[19] e nossa jurisprudência se reformarmos Moisés e sua Bíblia. Repitamos aqui a proveitosa observação de Montesquieu sobre os três crimes que as leis modernas castigaram com mais severidade: a heresia, a magia e a sodomia. "Pode-se dizer", observa Montesquieu, "da primeira que ela é uma liberdade inocente; da segunda, que ela é uma quimera absurda, e da outra, que ela é uma infâmia rara e quase impossível de ser provada." Ora, todos esses delitos tão pouco fundamentados eram punidos com a fogueira. Era uma pequena antecipação do inferno.

(11) Saturno devorava seus filhos, Jeová queimava os dele.

Nero escolhia, para mandar massacrar os romanos, o momento em que estavam à mesa, a fim de tornar o contraste divertido para ele. Cromwell, após ter assinado a sentença de morte de Carlos I, passou, sorridente, sua pena

---

19. Henri Pussort, conselheiro de Estado e legislador durante o reinado de Luís XIV. (N. de T.)

pelos lábios dos outros juízes. Entretanto, o mais odioso dos jogos da tirania, depois do dogma da danação, foi o julgamento lançado por Tibério contra uma jovem romana. A lei proibia a execução de uma virgem. Para obedecer à lei e a seu ódio, Tibério mandou que o carrasco a violentasse. Isso se assemelha a um refinamento de casuísta[20], ou a um escrúpulo de inquisidor.

(12) Foi Moisés quem deu o primeiro exemplo das chacinas religionárias. Ele havia tirado os judeus da escravidão. Queria tirá-los, ao mesmo tempo, da idolatria. Mas esse povo estava contaminado por todas as superstições egípcias. Para desligá-lo delas, ele empregou o instrumento do maravilhoso. Alegou manter conferências com Deus. Permaneceu vários dias no alto do monte Sinai para compor aí o seu decálogo. Aguardou, para levá-lo aos hebreus, um dia de tempestade. Desceu então do monte Sinai, em meio a raios e trovões, com a tábua das leis numa das mãos e uma varinha na outra. Essa varinha, tomada de empréstimo dos sacerdotes egípcios, servia-lhe de instrumento divinatório. Como havia ordenado a todos os judeus que pusessem no tesouro comum o dinheiro roubado no Egito, ele persuadiu-os de que sua varinha tinha a virtude de descobrir o dinheiro es-

---

20. Teólogo que se dedica a resolver casos de consciência através de preceitos tirados da razão ou da religião. (N. de T.)

condido. Mas qual não foi sua surpresa quando descobriu, ao descer do monte Sinai, que seu povo havia fundido todo o seu ouro, para com ele confeccionar um bezerro de ouro, um semideus Ápis. Os agitadores haviam se aproveitado de sua ausência para desencaminhar o populacho. Ele [o populacho] havia se amotinado. Moisés viu que seu império estaria perdido se não desferisse um golpe terrível. Mandou que o exército que lhe era devotado massacrasse aquele que lhe era infiel. Eis aí a *dragonada*[21] do Antigo Testamento. O primeiro dia da lei judaica foi também um dia de carnificina. O Deus das vinganças não degenerou depois desse dia. Quereis saber onde descobri todos esses detalhes? Atrás da sarça ardente do monte Sinai.

(13) Como se operou essa libertação miraculosa dos judeus, e sua saída tranqüila do Egito? Uma vez por ano, eles reuniam-se perto das margens do mar Vermelho e ali celebravam os funerais de Abraão, voltando-se em direção ao mar, para além do qual repousava esse patriarca, na caverna de Efron. Para esse dia de festa, os egípcios emprestavam vasos de ouro e de prata aos seus escravos. Moisés aproveitou-se de uma dessas reuniões solenes para propor à sua nação cativa que rompesse seus grilhões. Anunciou-

---

21. O termo refere-se às perseguições contra os protestantes durante o reinado de Luís XIV e para as quais se usavam os dragões (soldados da cavalaria). (N. de T.)

lhe – em nome do Deus de Abraão, de Isaac e de Jacó – um magnífico império, situado além do mar Vermelho e do deserto de Oreb. A imagem encantadora da liberdade, a proteção do Altíssimo e a perspectiva de uma conquista fácil convenceram os israelitas. Eles eram os mais ignorantes dos homens[22]. Moisés persuadiu-os de que o fluxo e o refluxo do mar Vermelho era um favor celeste concedido para a passagem deles. Moisés havia começado pelo maravilhoso; era necessário continuar a empregar essa máquina sobre um povo maquinal: falava-lhes apenas de aparições, oráculos e prodígios. Falando apenas à imaginação dos hebreus – e nunca à sua razão –, ele preparou os espíritos para uma credulidade sem precedentes. Assim, esse povo não teve um único escritor que não se fizesse de inspirado. Os profetas eram os poetas, os trovadores do país. E é notável que, com exceção do livro do Eclesiastes e o dos Provérbios, as escrituras que são chamadas de *sagradas* sejam todas narrativas de milagres ou livros de predições. São as mil e uma noites e as centúrias sagradas da Palestina.

(14) A arca foi inicialmente um cofre ou um catafalco em torno do qual os judeus se reuniam para cantar a morte de Jacó. Moisés serviu-se desse cofre para guardar os te-

---

22. De acordo com as próprias palavras de Deus, em Isaías, 1,3: "Israel nada conhece. Meu povo não tem nenhuma inteligência". (N. de T.)

souros roubados no Egito. Para impedir que se tocasse nele, imaginou transformar esse cofre em um mistério santo, um arcano sagrado, *arcanum ex area*. Todos os sacerdotes deste mundo tentaram aplicar sobre seus bens o selo inviolável da consagração. A guerra santa, que entregou a Grécia a Felipe, originou-se de um campo usurpado pelos sacerdotes de Delfos, e retomado deles. Os apóstolos fizeram crer, para aumentar suas coletas, que Ananias havia caído morto por ter subtraído algumas moedas de sua oferenda. Conhecemos o caso daquele soldado que enriqueceu na pilhagem da Sicília. Augusto, estando em viagem, jantou em sua casa, sem conhecê-lo. Quando o anfitrião falou dessa expedição, o imperador lhe perguntou: "É verdade que o soldado que quis levar a estátua de Cibele foi fulminado ao pôr as mãos sobre ela?" "Esse soldado era eu", respondeu-lhe o anfitrião, "e vós jantastes, meu senhor, às custas de uma das coxas da deusa." É preciso confiar que jantaremos e cearemos tão tranqüilamente os priorados, as abadias e os bispados da França. Eis aí a nossa terra prometida.

(15) Sabe-se que o Messias ainda hoje é esperado pelos rabinos, que, a cada tempestade, abrem as janelas de seus quartos na esperança de ver seu libertador descer com os trovões e a chuva na casa deles: *Nubes pluant justum*[23]. Os

---

23. "Que as nuvens chovam a justiça" (Isaías, 45,8). (N. de T.)

aristocratas franceses também vão esperar seu Messias até o fim do mundo. Eles observam incessantemente se ele descerá dos Alpes ou dos Pireneus.

(16) Gabriel, Rafael, Uriel, Miguel etc. eram nomes caldeus. Os hebreus aproveitaram o cativeiro para enriquecer e refinar seu idioma – o mais pobre e o mais grosseiro dos dialetos árabes. Eles trouxeram do Egito seu bezerro de ouro e, da Babilônia, seus anjos de prata, seus querubins, seus serafins etc. Toda a Bíblia é um plágio rabínico.

(17) A vaidade das genealogias é uma das moléstias incuráveis do gênero humano. Os heróis da Antigüidade achavam muito melhor se passar por bastardos de um deus do que por filhos de um rei. Os sacerdotes tiravam grande proveito dessa tolice orgulhosa, e não houve nenhuma bela soberana que não tivesse tido a aparição de seu anjo. A descendência dos deuses foi a origem primordial dessa superstição chamada "nobreza". Um árabe tinha razão quando dizia que só conhecia uma única nobreza real: a de seus cavalos.

(18) Ficamos espantados com o sucesso alcançado pelo cristianismo. Não pensamos, no entanto, que Jesus era um homem do povo; os apóstolos, gente do povo; os evangelhos, os escritos do povo. Os grandes homens têm rea-

lizado conquistas, leis, descobertas e obras-primas, mas é o povo que faz quase todas as revoluções. A da Judéia era mais fácil que muitas outras. Essa região era governada metade pelos romanos e metade por Herodes. O sacerdócio havia perdido sua autoridade. Ele chegara a ponto de se expor ao ódio e ao desprezo públicos. Todos estavam cansados da ostentação e indignados com a hipocrisia. Jesus apareceu e, de início, mostrou uma simplicidade e uma ingenuidade desconhecidas em Jerusalém. Ensinou a todos os homens que eles eram filhos de Deus. Ensinou que os fariseus e os escribas eram víboras ou sepulcros caiados. Ensinou que os publicanos[24] eram pessoas que deviam ser expulsas tanto da terra quanto do céu. Ensinou que se deve perdoar as mulheres adúlteras e acolher com boa vontade as mulheres mundanas. Ensinou a tratar a infância com doçura e respeito. Por fim, ensinou que os bens são comuns – sem excetuar o Espírito Santo – e que os pobres de espírito são os favoritos do céu e os felizes da terra. Como ele não teria crentes e prosélitos?

Ele foi pela bonomia, na Judéia, aquilo que Rousseau foi pela filosofia, na França.

(19) Os papas são os verdadeiros legisladores de que se necessita em uma crença totalmente mística. Tornaram-

---

24. Cobradores de impostos. (N. de T.)

se soberanos, como os hierofantes do Egito, sem outras armas além de alguns símbolos, como "as chaves do paraíso", "o anel do pescador", "o cajado do pastor", "a cidade de Deus", "os raios da excomunhão" etc. Sua retórica fundou seu império, e foi com algumas alegorias e parábolas que o papado realmente se apoderou da Europa. Era a teocracia judaica, rejuvenescida e aumentada. Sendo assim, o cristianismo não passava de um segundo judaísmo. Não estamos mais no século dos símbolos e, dentro em breve, será Roma quem fará uma figura bem triste e bem pobre nesse mundo.

(20) Os monges fizeram ninho em todas as regiões arrasadas pelos godos, assim como as corujas fazem seus ninhos nas ruínas. O que é notável é que a luz tenha vindo de suas sombrias moradas. Porque eles armazenaram ali todas as grandes obras da Antigüidade, e estas, uma vez saídas de seus claustros, auxiliaram no renascimento das letras e prepararam o reinado da filosofia. O papa Gregório havia previsto isso. Quis exterminar todos esses manuscritos que um dia deveriam exterminar o erro. Ordenou a todos os monges que os queimassem. Os monges desobedeceram, não para preservar a Antigüidade, mas para conservar suas bibliotecas. Aqueles que presentemente querem aniquilar a liberdade dispõem de apenas um meio: aniquilar o alfabeto.

(21) As lendas ou os *fabliaux*[25] monásticos foram uma das fontes da riqueza dos monastérios. Desejava-se um campo? Enterrava-se nele uma imagem, que em seguida se fingia descobrir, e construía-se nele uma capela de milagres. Temia-se um processo por causa dos bens usurpados de órfãos? Fazia-se aparecer, durante a noite, a sombra do avô, coberto de correntes, que ameaçava com o inferno toda a família se ela ousasse reclamar seu patrimônio. Se alguém quiser avaliar a imaginação inventiva dos monges, que leia a história de um conde de Mâcon, punido por ter espoliado a abadia de Cluny. Um dia, ele estava sentado no grande salão do castelo, em meio a uma multidão de cavaleiros, damas e pajens. Subitamente, viram surgir um grande homem negro, montado num grande corcel negro que, passando por guardas e barreiras, avançou até o meio da assembléia. Todos se levantaram, e o conde quis fugir. O gigante, de uma voz trovejante, ordenou-lhe que o seguisse. O infeliz, atado por um poder invisível, seguiu-o tremendo; um outro cavalo, cor de fogo e enxofre, saiu da terra. O desconhecido obrigou o conde a montar nele. No mesmo instante, eles foram carregados pelos ares e ouviu-se uma voz terrível, que exclamou: "Cavaleiro! Dai, dai ao mosteiro". Essa história, circulando por todos os castelos da vizinhança, fez – como observa o narrador – muito bem a Cluny

---

25. Pequenas narrativas em versos, de caráter edificante ou para simples diversão, típicas da literatura dos séculos XIII e XIV. (N. de T.)

e valeu à abadia cinco ou seis novos lotes de terra consideráveis. Os trovadores, que também compunham histórias, não eram tão bem pagos. Eles tinham tablados, mas não dispunham de púlpito nem confessionário. O confessionário era o cartório das doações, o local das escamoteações.

(22) Lutero foi um dos homens que melhor serviram ao espírito humano – se não pela luz, ao menos pelo movimento que lhe comunicou. Sua impetuosidade foi proporcional aos preconceitos e aos obstáculos que ele encontrou (e derrubou). Essa impetuosidade foi tanto mais admirável pelo fato de que ela nunca se mostrou cruel. Lutero prodigalizava injúrias aos reis, aos papas e aos teólogos, mas não perseguiu ninguém. Era um urso alemão que queria sufocar a grande besta de Roma.

(23) Calvino ou Chauvin, tão teimoso quanto Lutero, foi mais hipócrita e menos bom homem. Ele enxertou a política na escolástica, duas plantas cuja seiva é bem amarga. Além do mais, viveu celibatário: ora, o celibato endurece aqueles que respeitam suas leis e perverte aqueles que as desprezam. O celibato eclesiástico ou monacal está localizado entre o dormitório da libertinagem e o ofício da inquisição.

(24) Os monstros e os vulcões são necessários algumas vezes para mudar a situação do mundo, cobrir os abismos e nivelar as montanhas. Henrique VIII deu essa sacudide-

la violenta, mas bem-sucedida, em seu reino. Ele teve todos os vícios que convinham a um inovador. Déspota, ele foi onipotente. Pontífice, ele acreditou que era infalível. Inconstante, ele imolava uma nova porção de abusos a cada nova paixão. Imolou também suas esposas à menor suspeita e ao menor capricho: Ó! A este, não foi o celibato que o tornou bárbaro. Descontente com a primeira noite que passou com Ana de Clèves, repudiou-a. Até mandou cortar a cabeça de Thomas Cromwell, que havia negociado o casamento. Descontente também com as facilidades que encontrou com a nova esposa, Howard, mandou que perecesse no cadafalso. E promulgou uma lei que condenava à morte qualquer família que não lhe desse uma virgem como esposa. Catherine Parr, sua última mulher, certa manhã, ao leito, discutiu um pouco livremente sobre o mistério da transubstanciação, o que o fez se levantar para assinar uma sentença de morte contra ela. Discutir com ele era discutir com o carrasco. Henrique VIII morreu em seu leito, e Carlos I, no cadafalso! E Henrique VI, na prisão! Em tempos de crise, aquele que não sabe dominar ou orientar a força popular é esmagado por ela, mesmo que seja o melhor dos príncipes.

(25) O *test* é propriamente o santo ofício, a bula *Unigenitus*[26] dos ingleses. Jurar que se crê em uma religião do-

---

26. Bula do papa Clemente XI, publicada em 1713, que combatia as doutrinas jansenistas. (N. de T.)

minante é jurar que se é um escravo ambicioso, é depositar sua consciência aos pés do soberano. Locke[27] tinha razão ao dizer que o *test* era a fé cortesã. Um outro inglês dizia: "Eu deixaria de acreditar em Deus se ele ordenasse que eu acreditasse em uma religião qualquer".

(26) Os *quakers* começaram como fanáticos e terminaram por ser tolerantes. São de fato os únicos religiosos que, depois de terem sido perseguidos, não se tornaram perseguidores. É porque foram os únicos reformados de boa-fé ou coerentes. É porque sua moral está de acordo com suas opiniões, e seu governo está em conformidade com sua moral. É porque estabeleceram a fraternidade cristã com base na igualdade social e porque, enfim, defendidos pelo oceano e preservados pela concórdia, não têm necessidade nem de soldados nem de sacerdotes. O traje militar é o uniforme da tirania e as vestes sacerdotais são o manto da superstição.

(27) Se existe um costume absurdo, embora universal, é o de fazer do sacerdócio um estado, um ofício, uma profissão permanente. Porque, afinal, uma profissão só é permanente quando exige um longo aprendizado e um contínuo exercício. Assim acontece com um pintor ou com um arqui-

---

27. John Locke (1632–1704), filósofo inglês, autor de, entre outros, *Tratado sobre o governo*, *Ensaio acerca do entendimento humano* e *Cartas sobre a tolerância*. (N. de T.)

teto, que só se tornam competentes depois de muitos anos, e que só se aperfeiçoam através do exercício de sua arte, sendo obrigados a estudá-la e a professá-la durante toda a vida. Já o estudo e a profissão do culto religioso são aprendidos em dois dias. Qualquer cidadão sabe tudo que um outro pode saber de real e de bom sobre isso. Dessa forma, um pai de família ou um patriarca de aldeia são seus soberanos pontífices. E o sacerdócio primitivo não foi outra coisa senão a velhice venerável e a virtude exemplar. Portanto, é preciso apenas envelhecer com sabedoria para pontificar com honra. Mas como? Se a magistratura não é uma profissão permanente, por que o sacerdócio seria? Mas – dirão – e a teologia, a missa, a ordenação etc.? Ouso responder que a ordenação é uma infantilidade, a teologia é uma trapalhada e a missa é uma comédia piedosa, indigna dos Evangelhos e da seriedade cristã. Quem, com efeito, pode contemplar, sem rir, um homem de senso, enfarpelado em uma casula, repetindo genuflexões, gestos e caretas, orando em uma língua estrangeira e tendo, afinal, a aparência de um feiticeiro que, por intermédio de suas conjurações, quer fazer com que Deus ou a lua desçam sobre o altar? Discute-se, neste momento, a grande questão do casamento dos padres. Mas a abolição do celibato eclesiástico precisa de um preâmbulo, que é a abolição da missa papal, pois que mulher honesta se resolveria a desposar um pelotiqueiro, que todos os dias viesse a público representar uma farsa ao mesmo tempo séria e ridícula? Jesus ou os apóstolos teriam algum dia ensinado semelhante palhaçada? Foi de Belém ou de Bérgamo que veio a missa?

Já a confissão é coisa bem diferente. Em primeiro lugar, existe algo mais impertinente do que ver um homem que se acredita representante de Deus e que, com algumas palavras e alguns gestos, imagina abrir o céu e fechar os infernos? E, além disso, existe algo mais imoral do que ver as jovens virgens e as graves matronas ajoelhadas diante de um hipócrita, confessando-lhe fraquezas que dificilmente confessariam a si próprias e sujando suas línguas com aquilo que maculou sua imaginação? Por fim, existe algo mais impolítico e mais perigoso do que deixar para a classe mais intriguista o instrumento mais temível da intriga? Porque é pela confissão que a Igreja sorve, de certa maneira, os segredos do dia, os segredos da noite, os segredos das famílias e até mesmo os segredos do Estado.

Assim, o tribunal da penitência é um verdadeiro trono, de onde o padre espiona e movimenta o universo. É de lá que ele impõe e arrecada tributos sob o nome de penitências e expiações. É de lá que ele dita as leis, interpretando e modificando, segundo sua vontade, as leis da religião. É de lá que ele abala o império da moral, enfraquecendo a arma dos remorsos e autorizando o culpado a redimir-se de um longo arrependimento através de práticas momentâneas. E é de lá, sobretudo, que durante as crises políticas e as disputas religiosas ele lança, como um fogo divino, as chamas da discórdia e os raios da superstição.

Durante as guerras civis entre guelfos[28] e gibelinos[29], os confessores gibelinos recusavam-se a dar a absolvição aos guelfos e os guelfos aos gibelinos. Durante as perturbações da Fronda[30], os partidários do Grande Condé[31] escreveram-lhe estas mesmas palavras: "Acabamos de soltar uma matilha de padres nos confessionários". Durante as disputas da bula *Unigenitus*, os padres inimigos dessa bula faziam com que os camponeses que eles confessavam acreditassem que ela era uma permissão do papa para violar as mulheres. Todo mundo conhece a resposta de um artesão que se confessava a um jesuíta. Este, antes de absolvê-lo, quis saber se ele era jansenista[32] ou molinista[33]. "Eu sou ebanista[34]", respondeu o artesão. Um exemplo não menos conhecido é o do ancião que, pressionado por um hierofante da Grécia a se confessar

---

28. Nome que recebiam, na Itália medieval, os partidários do papado, no confronto com os imperadores da Alemanha (de *Welf*, nome de uma das famílias alemãs que apoiavam os papas). (N. de T.)
29. Nome que recebiam, na Itália medieval, os partidários dos imperadores da Alemanha, em confronto com o papado (de *Weibelingen*, imperador da Alemanha eleito em 1138). (N. de T.)
30. Nome dado à rebelião contra o partido da corte francesa (representado pelo cardeal Mazarino e pela rainha mãe regente Ana da Áustria), durante o período da minoridade de Luís XIV (1648–1653). (N. de T.)
31. Luís II, príncipe de Condé (1621–1686). (N. de T.)
32. Partidário da doutrina do teólogo holandês Jansen ou Jansenius (1585–1638), bispo de Ypres, que se baseava fundamentalmente na interpretação de idéias de Santo Agostinho sobre a graça, o livre-arbítrio e a predestinação. (N. de T.)
33. Adepto da doutrina (condenada pela Igreja) do jesuíta espanhol Luís Molina (1536–1600), que conciliava a predestinação com o livre-arbítrio. (N. de T.)
34. Tipo de marceneiro especializado no trabalho com ébano. (N. de T.)

antes de celebrar os mistérios de Ceres, disse-lhe: "Devo me confessar a ti ou a Deus?". "A Deus", respondeu o sacerdote. "Então", retorquiu o iniciado, "retira-te, homem!"

Em poucas palavras, se a missa é um enredo de fingimentos, a confissão é uma máquina de complôs.

(28) A cidade de Filadélfia, totalmente povoada por irmãos, sem tiranos, sem escravos, sem sacerdotes, sem ateus, sem ociosos e sem pobres, mereceria ser a capital do mundo inteiro.

(29) O *Dicionário filosófico* de Voltaire mereceria também ser traduzido para todas as línguas, como remédio contra todas as superstições. Serviria para curar aqueles que sofrem delas e para divertir os convalescentes.

(30) A igreja de Ferney tinha como inscrição, sobre o frontispício de seu portal, *Deo erexit Voltaire* [*Erigida, para Deus, por Voltaire*]. Lendo essas palavras, o abade Delille[35] exclamou: "Eis uma grande palavra entre dois grandes nomes".

(31) O que são essa multidão de quadros hediondos que entristecem, que ensombrecem nossas igrejas? O que

---

35. Jacques Delille (1738–1813), religioso e escritor, autor de, entre outros, *Les Jardins ou L'art d'embellir les paysages* (1782). (N. de T.)

são esses instrumentos patibulares de toda espécie que fazem de vossos altares uma efígie da Place de Grève³⁶? Quem são esses anacoretas radiosos, esses selvagens beatos, esses idiotas canonizados que aí são invocados como se fossem imortais? O que é essa idolatria subalterna e capuchinha³⁷? O que é o próprio crucifixo, com sua nudez indecente? Uma pequena índia, conduzida a uma de nossas igrejas e vendo um desses crucifixos, exclamou: "Ah! Que boneca feia!". Um monge que a escutou fez o sinal da cruz e disse: "Como se educam mal esses pobres índios!".

(32) Ó, franceses! Não terá chegado o momento de dar um grande exemplo ao universo? Recuperastes os títulos de "homem" e de "cidadão": Ah! Não vos esqueçais de desenterrar também os títulos da Divindade, sepultados sob nossas igrejas! Essas igrejas – sem excetuar a de São Pedro – não passam de capelas de crianças ou cemitérios de selvagens. Elevai, enfim, um templo ao Eterno. A França me deve 1 milhão. Assim que for reembolsado em *assignats*³⁸, comprarei a mais bela igreja que estiver à venda e, consagrando-a ao autor da natureza, pedirei ao abade De-

---

36. Praça de Paris, onde eram realizadas as execuções dos grandes criminosos; atual praça do Hôtel-de-Ville. (N. de T.)
37. Referência aos capuchinhos, frades da ordem dos franciscanos. (N. de T.)
38. Nos primeiros tempos da revolução francesa, o governo – carente de recursos – emitia "vales" em forma de papel-moeda (os *assignats*), garantidos pelos "bens nacionais". (N. de T.)

lille que componha alguns hinos, ao senhor Bailly que invente algumas festas, e aos autores da *Feuille Villageoise*³⁹ que preguem ali algumas homilias. Não se colocarão ali outras estátuas além daquelas dos homens canonizados pela Assembléia Nacional, mesmo que se trate de um sapateiro ou até de um ministro.

(33) Um homem profundamente instruído e dotado de um zelo verdadeiramente divino lia para mim um projeto de religião natural que ele havia calculado como um geômetra e combinado como um legislador, com algumas festas sociais, hinos tocantes, pregações cívicas e solenidades adequadas às diferentes épocas do ano, da vida e da sociedade, assim como das famílias. Admirei a ordem e a simplicidade sublime de sua obra. "Foi Deus", exclamei, "que vos revelou esse culto natural..." "*Revelou* um culto *natural*", disse-me ele, "que contradição acabastes de soltar! Vós vos esqueceis de que toda revelação é uma charlatanice antinatural? Escutai-me." Ele tomou-me a mão, encarou-me com um olhar firme e deu início assim, com esta máscula franqueza, à eloqüência da verdade e da natureza:

O primeiro homem que, considerando a ordem do universo, concluiu que existia um Deus foi o benfeitor do gêne-

---

39. Influente jornal fundado por Cerutti, Jean-Paul Rabaut Saint-Etienne e Philippe-Antoine Grouvelle, em setembro de 1790. (N. de T.)

ro humano, cuja origem e cujo autor ele descobriu. O mundo sem um Deus é um órfão. Mas o primeiro homem que, não contente em adorar a Deus, fê-lo falar foi um impostor que montou uma armadilha eterna para o espírito humano.

1º) Toda revelação é contrária à idéia de Deus.

Ela [a revelação] é local ou temporária? Então ela supõe um Deus parcial ou volúvel. Ela é obscura? Então supõe um Deus pérfido. Se ela recomenda a virtude, supõe um Deus estouvado que, ao nos formar, esqueceu-se de inspirá-la em nós. Se ela recomenda o homicídio, supõe um Deus bizarro, que faz e desfaz sua obra.

2º) Toda revelação é contrária à marcha do espírito humano.

Ela é apresentada apenas uma única vez às nações? Então será alterada pela tradição. Ela é renovada incessantemente? Então engendrará sempre novas disputas. Quer a revelação proíba ou permita que se consulte a razão, ela nos embrutece e nos perverte da mesma maneira. Ela é, para a razão, uma inimiga temível ou uma companheira perigosa. Inimiga, ela amaldiçoa toda reflexão, condena todo exame, persegue toda verdade, extingue toda luz. Companheira da razão, ela nos desacostuma a pensar, habituando-nos a crer; desvia nosso espírito das realidades, acostumando-nos às ilusões; fecha para sempre os olhos do homem, domando-o com as trevas.

3º) Toda revelação é contrária à ordem das sociedades políticas.

É o indivíduo que é inspirado por ela? Então ele acreditará ter o direito de dominar os outros. É o soberano que fala por ela? Então ele fará com que ela sirva para endeusar o despotismo. É o sacerdote que será seu único instrumento? Então ele fundará um império dentro do império e agitará o mundo de acordo com a sua vontade. É um colegiado de hierofantes, um conclave de pontífices que ela terá como intérprete? Então todos os tribunais serão submetidos a ele, que terminará por reduzir as nações à ignorância, à servidão e à mendicidade.

Melias valibus quam duvibus parent[40].

Concluamos: enquanto a religião estiver fundada em uma revelação, ela será um viveiro de fábulas e uma fonte de discórdias. Enquanto o sacerdócio for uma profissão, ele cultivará essas fábulas e semeará essas discórdias. O nome mal entendido de Deus e o interesse bem entendido do padre causarão desordens cem vezes piores que as paixões. Bacon[41] disse: "A paixão mais destrutiva é o erro di-

---

40. A frase correta é "Melius vatibus quam ducibus suis paret" [Obedecem mais facilmente aos seus adivinhos do que aos seus chefes] (Quinto Cúrcio, *Historia Alexandri Magni regis Macedonum*, livro IV, cap. X) (N. de T.)
41. Francis Bacon (1561–1626), filósofo e estadista inglês, autor de, entre outros, *Ensaios*, *Novum Organum* e, de acordo com seus admiradores mais fervorosos, das obras atribuídas a William Shakespeare. (N. de T.)

vinizado". Que o Deus da fé desabe! Que o Deus da razão se eleve! O primeiro só pode se estabelecer na imaginação e se manter pela força. Cegar os espíritos e sacrificar os sábios, eis o eterno segredo do sacerdócio. O Deus da razão, ao contrário, está na natureza. Ele se engrandece através do conhecimento da natureza; concede ao coração humano todo império que dele recebe. É o princípio das coisas posto em conformidade com o dos sentimentos. É a lei divinizada. Abatemos o despotismo, aniquilamos a feudalidade. É necessário desenraizar a superstição que poderia reproduzi-los um dia e que sozinha seria suficiente para envenenar o mundo. Se o primeiro motor do espírito popular é falso, ele falseará todos os outros. Como retificá-lo? É um problema que pertence à geometria. Eis aqui as proposições necessárias:

1ª) Que projeto de crença pode estar de acordo com a razão?

2ª) Que projeto de sacerdócio pode estar de acordo com a liberdade?

3ª) Que projeto de liturgia pode estar de acordo com a moral?

4ª) Quais povos estão mais próximos e quais povos estão mais distantes desses projetos?

5ª) Quais precauções devem ser tomadas para que nunca nos afastemos deles?

6ª) O que acontecerá com um povo que tiver uma religião, uma moral, uma constituição, uma literatura e uma educação modeladas com base nos primeiros princípios da humanidade e da natureza?

Essa obra é aquela que acabei de vos ler. Se fosse adotada, seria talvez o molde de um novo gênero humano. Poderia regenerar paulatinamente as quatro partes do mundo. Se o Ser supremo assiste, através do seu pensamento, a todos os movimentos das nações, ele dirá consigo mesmo: "O inglês[42] adivinhou as leis do mundo físico, e o francês, as do mundo moral".

---

42. Referência a Isaac Newton. (N. de T.)

Giordano Bruno redivivo ou Tratado dos erros populares[1]

Anônimo
Obra crítica, histórica e filosófica
imitada de Pomponazzi[2]

Advertência

Uma das mais belas faculdades do homem é, a meu ver, o poder que ele tem de comparar, em conjunto, os diversos acontecimentos para deles tirar as conseqüências que determinam sua conduta. Digamos, em poucas palavras, que o homem privado da experiência estaria infinitamente abaixo dos animais mais vis, no sentido em que se entende a vileza. Daí essa prudência que vemos reinar nos procedimentos de uma pessoa que viveu um pouco e que é bem constituída, e daí também a conduta extravagante das crianças. Aquele que nunca viu o fogo corre sorridente para atirar-se nele – e assim de-

---

1. Edição original: *J. Brunus redivivus, ou Traité des erreurs populaires*. ([S. l., s. n.], 1771).
2. Pietro Pomponazzi (1462–1525), filósofo italiano nascido em Mântua, fundador da escola aristotélico-averroísta. (N. de T.)

ve agir, pois o fogo constitui um espetáculo brilhante a seus olhos. Como ainda não tem a experiência que nos ensina que o fogo nos causa fortes dores quando nos achegamos demais, ele deve esperar muitos prazeres ao se lançar no braseiro.

Essa experiência, que a imprudência das crianças nos põe muitas vezes em condições de realizar, prova inapelavelmente que erram aqueles que acreditam que nossos sentidos jamais nos enganam. Eles nos enganam sem réplica; felizmente, porém, o erro em que nos mergulham não é longo. O sentido da visão faz-nos perceber o fogo, faz-nos desejar nos aproximar dele, mas logo o sentido do tato nos ensina, através da dor, as qualidades destrutivas desse perigoso elemento. O único caso no qual nossos sentidos não nos enganariam seria aquele em que agissem juntos, porque uns – como a visão – só agem, na maioria das vezes, sobre as substâncias, e outros – como o tato – só operam sobre as qualidades dessas substâncias. A visão percebe o fogo, o tato ensina que ele queima.

Se nossos sentidos são enganadores, e se são afetados diversamente em cada um dos homens – de modo que um vê como vermelho e encarnado aquilo que o outro vê como amarelo por uma conformação de órgãos variada em todos os seres[3] –, quem poderá, portanto, servir-nos de guia? A ex-

---

3. Jean Jouvenet, bom pintor do século passado, via todos os objetos em uma tonalidade amarelada.

periência. É somente através dela que tudo aquilo que está compreendido na classe dos animais se orienta. É através dela que o cavalo, ferido diversas vezes pelo chicote enquanto lhe ensinavam aquilo que ele devia fazer, obedece às mesmas expressões que se lhe repetem sem feri-lo. É também através dela que o homem evita os recifes onde sabe que outros naufragaram. Existem alguns animais que parecem surdos e insensíveis à voz da experiência, e é possível dividi-los geralmente em duas classes. A primeira é composta pelas espécies – tais como a ostra – que não podem se pôr em movimento e concatenar seus meios para escapar do mal que as persegue. A segunda é formada pelos animais dotados de movimento rápido – tais como são os homens –, mas que não empregam suas forças para defender-se da dor que os ameaça. Esta última espécie compreende os idiotas, os insensatos e os estúpidos e, quase sempre, muitas pessoas que só empregam seu espírito para conhecer aquilo que não lhes diz respeito. Aqueles humanos que caíram nessa insensibilidade com relação à experiência são seres merecedores do maior desprezo e da maior piedade, ao mesmo tempo.

Não é preciso mais do que um pouco de boa-fé para convir que a experiência é o único guia ao qual nos podemos fiar. Sem a experiência das coisas que queremos tratar, não fazemos mais do que balbuciar. Daí essa multidão de erros que vemos reinar nas obras de metafísica. Aquele que trata dos pretensos assuntos que acredita ver fora da natureza é bastante semelhante a uma criança que gagueja as palavras "amizade", "amor", "respeito", "dever" etc., sem nenhum conhecimento do valor desses termos. Um raciocina de acordo com os preconceitos de seus pais ou com os seus; outro repete as palavras que ouviu de seu preceptor. Se todos os homens quisessem empregar suas luzes naturais, a simples leitura das obras místicas sobre Deus, a alma e os dogmas em geral, bastaria para demonstrar-lhes a falsidade de todas essas vãs hipóteses que a paixão formulou. Que se examinem os livros dos quais eu falo e se verá, com espanto, que não se tem prestado bastante atenção aos termos das demonstrações que eles apresentam: todos giram em torno da maneira como a coisa pode ser, mas nunca sobre a maneira como ela é.

Esse vício essencial, capaz de aniquilar qualquer obra que não seja uma obra mística, é oriundo do fato de que os autores religiosos não escrevem de acordo com a experiência. Essas descrições gigantescas e variadas do Paraíso e do Inferno provêm do fato de que seus autores não possuíam, para formular suas idéias, outro recurso além de sua imaginação estimulada. Desenha-se a planta exata de uma cidade, esboça-se o retrato fiel do imperador, faltam-nos a efígie do Ser Soberano e o mapa do céu, e provavelmente seremos privados deles para sempre.

A partir do momento em que deixamos de nos guiar pela experiência, nós nos perdemos. Entretanto, a própria experiência não é infalível. Como não conhecemos nada mais seguro, porém, é preciso nos atermos a ela. Deve-se presumir, aliás, que sem os entraves que se apresentaram à experiência em quase todos os séculos, os homens teriam feito dela um uso melhor e mais seguro. Em todos os tempos conhecidos, as religiões a consideraram um obstáculo intransponível ao domínio tirânico que se propunham a assumir sobre os homens. Sem remontar além dos séculos que conhecemos, vemos nos livros sagrados dos hebreus um Moisés, legislador cruel, mas famoso político, ordenar a sangue-frio a morte ora de 4 mil, ora de 6 mil homens. E qual era o crime deles? Quiseram fazer uso da experiência. Que suplício esse inflexível amigo de Deus não teria imposto a um israelita que tivesse tido coragem bastante para mostrar aos judeus reunidos que a água que saiu do rochedo que Moisés atingiu com sua vara era de uma fonte natural? Teria sido bem pior se esse mesmo israelita, guiado pela experiência, tivesse feito sair água de alguma outra rocha, depois de tê-la aberto. A família de Aarão não teria deixado de escrever nos papiros que esse físico era Astarot ou, no mínimo, um de seus parentes!

Todos os séculos nos fornecem exemplos semelhantes, e seria quase impossível que fosse de outro modo, já que a duração e o poder de uma religião se fundamentam apenas na cegueira dos povos. Nos séculos em que a ignorância e a barbárie reinaram, os sacerdotes – assim como o resto dos homens –

eram ignorantes e bárbaros. Unicamente ocupados com o cuidado de aumentar sua fortuna e seu poder, eles estavam bem distantes de se dedicar à filosofia: as luzes que teriam adquirido poderiam, por reflexo, esclarecer os homens. Mas a plena luz é demasiado fatal para qualquer sistema de religião.

No entanto, à medida que se avançava, o espírito filosófico fermentava. Ele adquiriu, através dos tempos, um poder sobre os humanos do qual não deveria ter sido privado por um único instante na cadeia eterna dos séculos. Ele já havia reinado, sem dúvida, e os preciosos fragmentos que nos restam, dos tempos anteriores ao dilúvio de Moisés e à sua Criação, são prova sempre viva disso. Enfim, ele teve um novo nascimento, depois de ter sido como que aniquilado durante quase 5 mil anos em uma multidão de nações.

Os sacerdotes sempre tiveram a sanha de se passar por homens extraordinários e infalíveis. Nos tempos bárbaros, decidiram ousadamente sobre numerosos pontos que ignoravam por completo. A luz trespassou as trevas, fizeram-se descobertas, que foram reveladas: a infalibilidade do sacerdócio achou-se comprometida pela experiência. Esta demonstra, aquela se contenta em sustentar que não podia se enganar. Para dar crédito aos velhos erros, os ministros de Deus se acreditaram no direito de exercer a violência contra qualquer um que ousasse atacá-los. Erigiram um tribunal de sangue, onde a razão e a experiência foram tratadas como criminosas. Chega a ser surpreendente que os homens, ajudados apenas pelas forças da natureza, tenham podido ultrapassar os obstáculos – aparentemente intransponíveis – que encontraram em seu caminho. Se existem mártires, são aqueles que os sacerdotes condenaram por serem inovadores. Antes que se descobrisse o Novo Mundo, havia a firme crença de que só existia água para além do nosso continente – e jamais teríamos chegado a encontrar esses vastos impérios, essas terras de uma imensa extensão, esses numerosos povos, se não tivéssemos nos libertado da antiga superstição que considerava as Colunas de Hércules[4] os limites da navegação. A Divindade, diziam os antigos, proibiu que se fosse além. Eles chegaram a gravar nessas colunas a sentença do Céu: *non plus ultra*.

Os sacerdotes, perseguindo aqueles que se dedicavam às descobertas, mostravam-se inimigos do gênero humano. No entanto, para atenuar sua violência, [os sacerdotes] não deixaram de confundir a filosofia com a pretensa ciência que chamam de teologia. Espalharam tudo o que puderam de odioso sobre o termo "inovador" e o conferiram indistintamente a todos aqueles que fizeram surgir algum novo ponto de vista. Para merecer os suplícios, ao seu modo de ver, não era preciso falar abertamente em favor da natureza, bastava não parecer inimigo dela. E a Igreja condenou tal

---

4. Região que hoje corresponde ao estreito de Gibraltar e que era considerada pelos antigos o ponto extremo do mundo. (N. de T.)

homem à fogueira porque, em seu livro, foram encontradas uma ou duas passagens das quais se poderia tirar alguma indução remota, mas favorável à materialidade.

A religião cristã, por uma petição de princípio bastante surpreendente, durante séculos admitiu a filosofia de Aristóteles como a melhor. No entanto, quantas conseqüências úteis para o materialismo poderiam ser tiradas da *matéria primeira e única* e dos *elementos transmutáveis uns nos outros* e, por conseguinte, indestrutíveis desse filósofo? Talvez jamais se tenha observado de onde provinha a estima da religião pela filosofia de Aristóteles. É que Aristóteles fundamentou toda a física sobre a lógica e sobre o cálculo racional[5], e nunca sobre a experiência, de modo que as obras desse filósofo eram um escudo que a religião opunha contra todos aqueles que trabalhavam de acordo com a experiência.

Quando se viu obrigada a abandonar alguns ramos da filosofia que havia incorporado, porque foi forçada a isso pela experiência, a religião recorreu aos suplícios para conser-

---

5. O célebre Bacon, queixando-se do temperamento arrogante de alguns filósofos matemáticos que querem levar a melhor sobre a física, diz: "Não sei por qual destino ocorre que as matemáticas e a lógica, que deveriam ser apenas servidoras da física, pretendem a primazia sobre ela e gabam-se de serem mais certas do que ela é. Com efeito, a certeza delas depende apenas dessa ciência; porque as imagens não podem ser mais certas que as próprias coisas. Se não se considerar que a filosofia natural seja tão segura quanto a matemática, é isso que se entende em algumas partes que ainda não foram experimentadas, porque, a partir do momento em que o forem, o que haverá para ser dito?". (Cf. *Do crescimento das ciências*, livro 3.)

var aquilo que lhe restava. Uma vez tomado esse partido rigoroso, não se foi mais livre para pensar de um modo diferente daquele que se havia pensado outrora, ou seja, para ter outros pontos de vista filosóficos que não os da Igreja. O primeiro sábio que foi objeto da ira dos sacerdotes foi Gerolamo Cardano, famoso médico milanês. Esse filósofo reconhecia apenas três elementos: o ar, a água e a terra, e sustentava que o fogo colocado, de acordo com os antigos, sob o céu da lua não existia. A origem desse fogo era, segundo diziam, o efeito da fricção dos corpos que se movem no universo. Cardano objetou simplesmente que não era seguro determinar que o movimento rápido de quaisquer corpos produzisse o fogo, visto que os rios mais rápidos conservam suas águas num alto grau de frialdade. Cardano, continuando a filosofar, achou de afirmar que lhe parecia pouco racional sustentar que existiam quatro elementos no mundo, em razão dos quatro humores que se supõem nos animais. Não foi preciso mais para incitar o clamor da Igreja. Em vão, ele apresentou como fiador de sua proposição Trusianus, intérprete de Galeno, que enumerava apenas três humores no animal. Ele foi declarado ímpio, e seu livro *Da sutileza*, herético. Ensinaram-lhe que ele era materialista, coisa que ele não sabia. Eu bem gostaria de saber que juízo faria um selvagem, instruído nos termos da discussão, sobre sacerdotes que condenam um médico, grande anatomista, porque ele sustenta que seus confrades estão errados sobre o número de humores que existe no corpo humano. No entanto, Gerolamo Cardano sofreu apenas por ver seus livros atingidos pela infâmia e por ser gravemente suspeito de aderir à materialidade da alma, da qual ele não diz uma palavra.

A França, embora menos escrava dos preconceitos, não deixou de se sacrificar a eles. O famoso Pierre La Ramée, vulgarmente chamado de Ramus, começou a aparecer no reinado de Henrique II. Homem de um vasto gênio e dotado dos mais belos conhecimentos, ele não pôde ver sem indignação a vergonhosa sujeição na qual estava sua nação com relação aos antigos pontos de vista. Ele buscou, em todos os gêneros, dar ordem e clareza às matérias. A Universidade de Paris não deixou de tachá-lo de inovador. Os clamores dessa sociedade fizeram tanto efeito sobre o povo miúdo que, na noite de São Bartolomeu, Ramus viu-se esfaqueado em seu leito por assassinos que lhe anunciaram que sua impiedade era a causa de sua morte. Seu crime, com efeito, era o de ter desejado esclarecer seus contemporâneos.

Durante o pontificado de Urbano VIII, a Igreja apresentou ao mundo um cenário dos mais interessantes. Trabalhador infatigável, filósofo completo para seu século, revigorou o sistema de Copérnico acerca do mundo. Ele sustenta o Sol imóvel no centro e faz a Terra mover-se. E, depois de ter determinado a figura da Terra, diz claramente que existem antípodas. Galileu não errara, e repetidas experiências o comprovaram. No entanto, esse filósofo destruía o Antigo Testamento, sustentando o Sol fixo no centro, e o Novo (que assegura que o Evangelho foi pregado para todos), anunciando algumas regiões até então ignoradas. Uma assembléia de sacerdotes do Senhor intimou-o e acusou-o de ateísmo (porque ele negava o *sta sol* de Josué) e de heresia (porque a suposição dos antípodas feria a universalidade do conhecimento dos Evangelhos). E sua idade provecta não o teria salvo das chamas se ele não tivesse resolvido pedir perdão a Deus por ter dito a verdade e feito, sobre os Evangelhos, o juramento de no futuro reconhecer a Terra como imóvel e habitada apenas em um de seus lados. E que não se diga que foi apenas pela boa disciplina que a Inquisição de Roma intimou Galileu. Virgílio, bispo de Salzburgo, esteve a ponto de ser privado de sua igreja e degradado do ministério por ter seguido essa opinião. E não foi uma Inquisição que o perseguiu, foi o corpo da Igreja, porque, com efeito, essa hipótese, bem demonstrada como é, prova inapelavelmente a falsidade da religião.

A opinião acerca do movimento da Terra conduz diretamente à da pluralidade dos mundos. Não há nenhuma dúvida de que o primeiro desses pontos de vista faz nascer o outro: de onde resulta ainda a infinitude e a eternidade do mundo. A Terra se move, e não está no centro; outros globos da mesma natureza que ela se movem também. Disso infere-se que esses globos são em tão grande número quanto podem caber das extremidades da circunferência ao centro. Ora, essas extremidades estão a uma distância infinita do centro: a conseqüência é fácil de concluir. Ninguém sustentou essa hipótese mais ousadamente nem a provou de maneira mais determinante que Giordano Bruno, sob o nome do qual escrevemos. Todo mundo sabe qual foi seu fim e que ele pereceu em Roma, em meio às chamas, acusado e não reconhecidamente culpado de ateísmo. Se acreditarmos no padre Mersenne, Giordano Bruno era um doutor de impiedade. Todavia, como não se encontram mais as obras desse poeta-filósofo, darei a meu leitor o prazer de ter uma idéia dessas pretensas impiedades que o conduziram à fogueira. Com isso, eu o porei em condições de julgar se o monge Mersenne é um ignorante que não entendeu Giordano Bruno ou um homem perverso que, para disfarçar a crueldade de sua Igreja, não temeu insultar a memória de um grande homem, infelizmente morto. Esta exposição será a matéria do meu primeiro capítulo.

Enquanto a Igreja exerce seus furores contra os autores de alguns pontos de vista sobre os quais parece que ela não tinha nenhum direito de se pronunciar, as jurisdições seculares, inebriadas pelo mesmo espírito, entregavam ao fogo todos aqueles que apelavam para a experiência. O desafortunado Giulio Cesare Vanini reuniu, em alguns *Diálogos filosóficos*, tudo aquilo que Cardano, Scaliger e outros disseram sobre a física. Juntou a essa compilação as experiências, verdadeiras ou duvidosas, que ele havia realizado.

Por decisão do Parlamento de Toulouse, ele foi condenado a ser queimado como ímpio.

Uma coisa bem digna de nota é que os maiores furores dos sacerdotes se voltam sempre contra a experiência. A simples expectativa de uma demonstração da física pode incitá-los à perda do mais virtuoso dos homens que seja seu autor. Essa atenção vigilante que prestam à primeira das ciências provém do fato de que, até o presente, todas as descobertas que ela fez representaram golpes contra os dois sistemas de religião herdados dos judeus e dos cristãos. Estou seguro de que se Roma quisesse explicar-se de boa-fé, ela confessaria que teria preferido que todos os habitantes do Novo Mundo fossem condenados aos diabos a que os tivessem descoberto. Com efeito, não se pode perdoar Jesus Cristo por não ter feito menção dessa vasta parte do universo nos departamentos que ele concedeu aos seus apóstolos. Os selvagens da América não são judeus nem gentios, mas bem mereciam que o filho de Deus lhes delegasse ao menos um discípulo. E essa desatenção é bem deplorável para aqueles que morreram entre o tempo da vinda de Jesus Cristo e aquele em que foi feita a descoberta de suas terras.

1 | Da pluralidade dos mundos

Se existe um sistema que honra a Divindade é o da pluralidade dos mundos. No entanto, nunca se deixou de perseguir aqueles que o admitiram, e o interesse e a paixão jamais deixaram de imputar crimes aos filósofos que têm feito algum esforço para estabelecê-lo. Foi por um crime semelhante que Giordano Bruno perdeu a vida em meio às chamas, porque a acusação de ateísmo e de impiedade que lhe fizeram não está fundamentada senão em vãs suspeitas. Esse autor havia escrito algumas obras sobre a arte de Raimundo Lúlio e a memória artificial. Compôs em seguida alguns pequenos poemas, aos quais ele próprio fez comentários. Estes giravam em torno de questões de matemática, física e astrologia. Seu primeiro, *De minimo*, trata dos átomos e de sua existência. O que vem em seguida fala apenas da divisão, do aumento e da medida dos corpos, e é semeado de proposições geométricas. Tem como título *De mensura et figura*. Por fim, vem o terceiro poema, *De immenso et innumerabilibus seu de Universo et Mundis*. É aí que Giordano Bruno diz, não em tom afirmativo, mas apenas em forma de proposição, que o céu é um campo infinito onde inumeráveis globos são sustentados por seu próprio peso, uns girando apenas sobre seu centro, ou mesmo permanecendo imóveis, e outros fazendo seu percurso em torno deles. Ele acrescenta que todos esses globos, sendo membros do universo, permanecem sem dificuldade e sem coação em seus lugares, sem representar um peso para ele, do mesmo modo que os membros do corpo de um animal não são pesados para o tronco. Do fato de que todo o universo é igual (visto que, sendo infinito, o centro encontra-se em toda parte), ele conclui que não existem partes superiores ou inferiores na natureza e que os globos luminosos são outros sóis e os globos obscuros são outras terras semelhantes à nossa. Ele sustenta que não existe nenhuma estrela que não seja um Sol (entendendo-se por isso as estrelas fixas) e que, se aquele que nos ilumina estivesse muito distante, ele também nos pareceria pequenino. Sustenta que existem diversas terras que fazem seu percurso em torno desses diversos sóis, como fazem, em torno do nosso Sol, a Terra que nós habitamos e os planetas que são da mesma natureza que ela. Giordano Bruno apresenta uma razão bastante válida para que vejamos bem os sóis inumeráveis que se encontram no universo, mas que não nos apercebamos das terras que eles aquecem, iluminam e fecundam: é que estas são muito opacas e, por conseguinte, escuras. Ora, está demonstrado – por aquilo que sabemos da grandeza aparente do Sol e de sua grandeza real – que um homem, nesse astro, perceberia a Terra em que estamos apenas como um ponto, supondo-se que a percebesse com a ajuda do melhor telescópio que já se construiu.

Mas passemos ao ponto desse terceiro poema que fez com que Giordano Bruno fosse queimado e vejamos que sofisma a Igreja pôde empregar para tachá-lo de ateísmo. Para provar que, sendo o universo infinito, deve haver nele um número infinito de globos que o preencham, nosso filósofo alega que Deus, tendo podido fazer um bem infinito criando uma infinidade de mundos, como teria feito um bem finito criando um único, não se deve pensar que ele tenha ficado apenas nisso. Aliás, diz o poeta-filósofo, não existe nenhuma repugnância por parte da matéria, que pode aumentar infinitamente, como se vê pelas sementes dos vegetais e dos animais, que se reproduzem ao infinito.

Para justificar Giordano Bruno com uma única palavra e mostrar a desumanidade da Igreja com relação a ele, bastaria, parece-me, observar que esse autor escrevia em versos e que é característico desse gênero de escrita empregar a fábula e a mentira – um poeta estando sujeito apenas à verossimilhança. Vamos mais longe, porém. O sistema da pluralidade dos mundos é tão revoltante quanto pensam os sacerdotes? Desde que, entregues à experiência, temos nos dedicado a nos conhecer e a conhecer aquilo que nos cerca, conseguimos demonstrar que o Sol que nos ilumina, colocado no centro de nosso universo, move-se apenas sobre si próprio, enquanto o globo que habitamos gira em torno dele. Mais longe percebemos corpos luminosos fixos e, ao redor deles, corpos errantes e obscuros em certos lados. Não somos levados a concluir daí que, sob a crosta elíptica dos céus, um sistema igual ao nosso é repetido uma infinidade de vezes? Mas se esse sistema é repetido uma infinidade de vezes, se em cada espaço suficiente da natureza existe um Sol e algumas Terras, o que pensar da sabedoria de Deus, que, tendo povoado – sem dúvida, por um bem – nossa Terra de animais, deixou desertas todas as outras? Parece bem mais digno de seu poder que tenha ocupado todos esses vastos orbes que ele teve o trabalho de organizar. Não somente a pluralidade dos mundos, mas a eternidade da própria matéria não induz ao ateísmo. É mais singular que Deus tenha criado a matéria por toda a eternidade do que ter engendrado seu filho por toda a eternidade? Não, sem dúvida. E digo mais: a criação do mundo, segundo os hebreus, não oferece uma tão bela idéia da Divindade. Pois com o que ela se ocupava durante todo o tempo que decorreu desde o primeiro princípio da eternidade até o momento da criação? Chocava os embriões dos seres ou então esperava que os tempos prescritos pelos destinos expirassem?

Quanto ao ponto de vista que admite a pluralidade dos mundos – além do fato de que a verdade ou a falsidade dessa hipótese é absolutamente indiferente, visto que as distâncias que existem entre um e outro desses mundos possíveis são muito extensas para que um dia eles possam vir a ter algum relacionamento conjunto –, não parece que seja possível incriminar um homem por sustentá-lo. Giordano Bruno não foi de modo algum inovador ao admitir a possibilidade de diversos mundos. Uma multidão de autores, antes dele, foram da mesma opinião, como Plutarco e Diógenes Laércio. No seio do próprio cristianismo, os físicos modernos não escondem que o mundo é infinito e pouco falta para que digam que ele é infinito em duração assim como em potência. Os mais circunspectos dentre eles não falam nem de sua origem nem de seu fim. Semelhantes a esse sábio italiano que, perguntado se o mundo era eterno e o que ele pensava de sua duração, respondeu: "Se ele não é eterno, pelo menos é muito velho". Esses mesmos físicos confessam que é absurdo acreditar que Deus tenha formado uma quantidade inumerável de globos semelhantes ao nosso sem outro objetivo senão o de deixá-los na imensidão. De onde se infere que eles acreditam que sejam habitados. De resto, no sistema da pluralidade dos mundos não há nada que cause repulsa ao novo sistema, quero dizer, ao cristianismo. E o douto Kepler, em seu livro intitulado *Somnium Johannis Kepleri, sive opus posthumum, de astronomia lunari*, demonstrou através de algumas verdades astronômicas que a Lua era habitada. E fez mais: descreveu que espécies de animais poderiam viver nesse globo, relativamente à sua temperatura. Kepler não sofreu nenhum processo, enquanto Giordano Bruno foi queimado. De onde vem essa diversidade nas maneiras de agir? É porque Kepler vivia em um país livre, enquanto Giordano morava na Itália. Se ele tivesse ficado na Alemanha, não teria tido de suportar todo o furor dos padres. A Igreja nunca lhe perdoou sua pequena obra *Da derrota da Besta triunfante* (1584). Essa sátira engenhosa – na qual um planeta que desejou assumir o domínio sobre os outros era, por fim, derrubado e tinha sua esfera destruída – designava alegoricamente o Papa e a corte romana, subjugados pelos poderes seculares iluminados pela chama da razão. Ninguém era nomeado nesse livro, mas Roma reconheceu-se nele. Como não se podia condenar à fogueira por causa de uma alegoria – que pode ser aplicada a diversos assuntos –, puniu-se, no autor do *De minimo et de mensura*, o autor de *Il spaccio della Bestia trionfante*.

Os doutores cristãos, para justificar sua crueldade para com os filósofos autores de algumas descobertas, alegaram que o sistema da pluralidade dos mundos destruía de alto a baixo o sistema do pecado original e, por conseguinte, o da Redenção. Mas enganaram-se redondamente. É possível ajustar com seu sistema religioso, se eles quiserem consentir nisso, todos os sistemas filosóficos que se relacionam ao mundo. Vamos ver isso.

1º Os filósofos que sustentam a eternidade da matéria não sustentam ao mesmo tempo a eternidade de seu arranjo atual. Todos dizem, ao contrário, que é necessário que tenha havido muitas revoluções até que o universo e os corpos que o compõem tivessem atingido seu equilíbrio. Seu ponto de vista sobre a eternidade da matéria recai apenas sobre a massa geral dessa mesma matéria. Supondo-se, por exemplo, que a massa geral fosse no princípio uma espécie de mingau, teria sido necessário um espaço imenso de tempo para que essa massa descansasse e se clarificasse. Enquanto essa massa repousava, as partes mais grosseiras, expulsas pelo fogo, devem ter se afastado do centro para formar a crosta elíptica e imensa em espessura que constitui aquilo que se chama de céu. O que restou, depois que a casca do universo foi feita, formou todos os corpos opacos, tais como a nossa Terra, a nossa Lua etc., e as outras terras e as outras luas etc. Se essas partes grosseiras terminaram com um peso desigual após se reunirem em diversas massas – como parece que deve ter ocorrido –, está demonstrado que elas só puderam atingir seu equilíbrio depois de uma multiplicidade de movimentos diversos, mas sempre tendendo para a extremidade da crosta, em razão de seu peso. O fogo que existia na massa geral (e que fazia com que ela fermentasse) deve ter se retirado, à medida que teve mais liberdade para isso, em direção ao centro. Assim, nossos melhores astrônomos colocam o Sol no centro de nosso universo. No entanto, como as partes grosseiras se destacaram do todo em massas consideráveis, não causa nenhuma repugnância pensar que elas conservaram, em seu interior, uma considerável quantidade do fogo primordial. No decorrer dos tempos, esse fogo – tendo adquirido força pela faculdade que ele tem de transformar em sua própria substância tudo aquilo que está perto dele – fez com que se rompessem os globos que o continham e que se afastaram para uma certa distância, suficientemente protegidos para que fossem aquecidos e iluminados por ele, sem correr o risco de serem consumidos por sua ação.

Até aqui, nada exclui a idéia de um Deus. E, como os diversos globos que admitimos podem ter atingido seu equilíbrio uns mais cedo e outros mais tarde, é possível – por complacência – supor que nosso globo só foi organizado no período indicado por Moisés. Aquilo que acabei de dizer sobre o mundo, supondo uma matéria primeira líquida, pode ser aplicado igualmente ao sistema dos átomos. Trata-se apenas de modificar os termos, e eis que já estamos de acordo com os judeus e os cristãos acerca da criação deste mundo.

2º "Mas vosso sistema", dirão os cristãos e os judeus, "destrói o pecado original." De modo algum. Tudo aquilo que Deus fez em relação aos homens, de acordo com o nosso conhecimento, só diz respeito precisamente aos homens deste globo. É bem possível que os Adãos dos diversos mundos tenham se comportado de maneira bastante diferente da do nosso: pode ser também que todos ou vários deles tenham pecado como ele. Ainda que fosse tão certo quanto é duvidoso que existam diversos mundos, não deixa de ser da sabedoria de Deus não ter falado nada sobre isso aos hebreus. Seria embaraçá-los com uma multidão de observações que os teriam confundido inutilmente. O chefe, o pai de um mundo, desobedece às ordens de um Deus que havia lhe dado a existência sob certas condições, que talvez não sejam as mesmas que ele impôs aos chefes dos outros mundos. É-nos suficiente saber a culpa de nosso Adão e a pena que dela resulta, e a ciência da conduta dos outros Adãos é para nós de uma inutilidade absoluta. Foi assim que Campanella e Fantonus – o primeiro, dominicano, e o outro, superior dos carmelitas, ambos escritores célebres que empreenderam a defesa de Galileu – se expressaram. Se considerarmos com um olhar atento quem era o povo judeu, para quem o Antigo Testamento foi primeiramente escrito, veremos que seu autor – quem quer que seja ele – só falou das coisas da maneira como elas eram vistas por esse povo. No Gênesis, é dito que Deus fez dois grandes luzeiros, um para o dia e o outro para a noite, que são o Sol e a Lua. Não se diria que esses dois astros são de uma grandeza semelhante? E quem ignora hoje em dia que a Lua é um corpo opaco, tal como a Terra, e que não contém em si mesma nenhuma luminosidade?

3º Mesmo nas Sagradas Escrituras, encontramos grandes recursos para fazer com que o sistema da pluralidade dos mundos se enquadre com o sistema da Redenção operada por Cristo do ponto de vista dos cristãos. São Paulo, cujos escritos são ditados pelo Espírito Santo, revela-nos que Jesus Cristo *reconciliou pelo seu sangue tudo aquilo que estava na terra e nos céus*[6]. A mais superficial leitura

---
6. Epístola aos Colossenses, 1.

dos livros hebraicos basta para nos convencer de que, na nação judia, entendia-se pela palavra "céu" tudo aquilo que está acima da terra, e é nesse sentido que São Paulo fala, pois seria absurdo supor que ele entendeu pelas palavras "e nos céus" a reconciliação dos anjos e outros espíritos bem-aventurados com Deus, não havendo por que presumir que existisse qualquer ódio entre a Divindade e os seres que ela tolera que habitem sua glória.

Essa passagem de São Paulo dá a entender que todos ou vários dos Adãos pecaram, porque a Redenção o supõe. E talvez seja nesse sentido que Jesus Cristo diz em nosso mundo que ele morreu por nós e por vários[7].

De resto, pouco importa para nós que um único ou vários Adãos tenham pecado, e que tenha sido necessária uma Redenção para um ou diversos mundos. Basta que se possa sustentar o ponto de vista de sua pluralidade, sem atingir o teor das Escrituras e, em geral, o sistema religioso dos cristãos, para justificar Giordano Bruno e aqueles que foram da mesma opinião, antes e depois dele, da acusação odiosa de impiedade que lhes foi dirigida. Se as Escrituras, que os judeus e os cristãos consideram divinas, são realmente assim, basta a um escritor que ele encontre nelas uma única passagem, uma única expressão que seja favorável à sua opinião, para justificá-lo e livrá-lo dos suplícios: porque, nos livros

---

7. Mateus, 26,28.

ditados pelo espírito de Deus, não se poderia, sem impiedade, afirmar que existem termos obscuros e dos quais é possível abusar. Se fosse assim, a obra de Deus seria suscetível dos mesmos inconvenientes que as dos homens, o que é absurdo supor.

No entanto, é necessário convir que, desde que o espírito filosófico começou a reaparecer sobre a terra, os sacerdotes em geral devem ter ficado muito embaraçados quanto ao partido que deveriam tomar. Eles recorreram à crueldade porque somente o temor dos castigos podia deter os homens no curso rápido de seus progressos em direção à verdade. A descoberta da verdade sempre foi o maior obstáculo aos sistemas de religião. E é por isso que os padres cristãos, que conheciam a causa da queda de seus predecessores, sempre tentaram sufocar as ciências desde o berço. Como a experiência fez ver que os autores dos livros sagrados haviam errado sobre alguns fatos notáveis, concluiu-se pela não-divindade dessas obras. Indo mais longe, observou-se que esse sistema do mundo tão belo e, na aparência, tão miraculoso não era no fundo senão um arranjo necessário, que não poderia ser de outro modo. Inferiu-se daí que uma causa primeira não seria – se ela existisse – senão uma causa ociosa e inútil. Essas conseqüências evidentes dos princípios mais certos não poderiam deixar de ser fatais para os padres, e eles nada pouparam para interromper o encadeamento que levaria à sua destruição total.

Seu ardor em perseguir os sábios não diminuiu, no entanto, o zelo destes últimos: eles não deixaram ao erro o tempo de desfrutar do benefício da prescrição. O que teriam feito, pois, esses sábios perseguidos, se tivessem vivido no século em que vivemos, no qual a liberdade de pensar parece ter sido devolvida aos homens? Teriam dedicado suas vigílias a esclarecer seus contemporâneos e a dissipar os erros nos quais eles estão mergulhados há tantos séculos. Um semelhante zelo me anima e vou, como eles, empreender a grande tarefa de reconduzir os homens à razão, de um lado, expondo-lhes a ilusão grosseira em que estão com relação a si mesmos e com relação àquilo que os cerca, e, de outro, colocando diante de seus olhos as verdades opostas a seus erros: suas luzes naturais lhes bastarão para que se desfaçam daqueles e se liguem sem retorno à verdade, que deve ser o único objeto de desejo dos homens.

2 | Os conhecimentos humanos nada têm de seguro

Semelhante ao resto dos animais, o homem só traz, ao nascer, uma disposição para conhecer. E, apesar do que possam dizer os partidários das idéias inatas, a impressão que causa em nós um objeto que nunca vimos não desperta de forma alguma em nossos órgãos a sensação que se chama de lembrança. Alguns alegam que as idéias do bem e do mal eram inatas em nós, porém, para destruir a prova que eles apresentavam – de que uma criança chora ao sair do ventre de sua mãe, ainda que não tenha a experiência do mal –, basta fazer-lhes observar que, em qualquer caso em que uma criança chore ou ria, é sempre em conseqüência da idéia de prazer ou de dor que ela recebe nesse momento pela via da impressão que uma ou outra dessas coisas causa sobre seus órgãos.

A partir do momento em que o prazer ou a dor deixam de se fazer ouvir (e não dirigem mais nossos passos), corremos um grande risco de nos perder. A procura de um e a fuga do outro são os únicos guias fiéis que os homens – e, de modo geral, todos os animais – têm para se orientar. Se vemos alguns seres se afastarem do caminho que lhes prescreve o prazer e correrem em direção à dor – que só tem sua existência na privação do prazer –, é porque eles tomam uma pelo outro (ou então porque estão em um estado deplorável ao qual damos o nome de infância, loucura ou imbecilidade). Somente as crianças – sem que seus órgãos estejam enfraquecidos ou desarranjados – são, juntamente com os loucos, capazes de preferir, em sua busca, a dor ao prazer. E isso porque, como acabamos de observar, só trazemos, ao nascer, uma disposição, uma potência, uma habilidade para conhecer. O discernimento entre o bom e o mau é fruto da experiência, e o homem só poderia ser chamado de racional depois de ter vivido.

Mas, se os únicos guias que temos para nos conduzir são a procura do bem e a fuga do mal, a quem recorreremos? Que tocha nos iluminará no caminho dos conhecimentos que não interessam diretamente ao nosso ser? Será o raciocínio? Não, porque a felicidade e a infelicidade, o prazer e a dor só são respectivos até certo ponto. Eles só têm realidade quando são físicos e efetivos, de modo que ocorrerá que, empregando o raciocínio mais formal para provar um sentimento meu a um outro homem, ele terá muito fundamento para repelir meus ataques por intermédio de um outro raciocínio, que ele formulará com base no modelo da impressão que lhe terá causado a coisa da qual lhe falo. Nem todos os lógicos do mundo poderiam provar a um homem, tal como o Jouvenet do qual já falei, que existe uma cor verde quando ele vê a cor amarela cobrir todas as superfícies que impressionam sua visão. No entanto, não existe nenhum homem que eu não faça recuar anunciando-lhe que, se ele seguir adiante, uma pedra vai esmagá-lo. E isso sem o raciocínio, porque está em jogo a conservação de seu ser.

Não existe razão para desejar mal à natureza por ela ter limitado a certeza de nossos conhecimentos às coisas apropriadas à nossa conservação. Nós só temos necessidade de conhecer com segurança as coisas que nos cercam, já que todo o trabalho de um animal limita-se à procura ou à fuga dos objetos. No estado de natureza, era a essas duas operações que se limitavam nossas ações. O estado civil que abraçamos obriga-nos a uma outra preocupação: reformar os objetos ou, pelo menos, algumas qualidades dos objetos que, na percepção que temos deles, nos são apresentados como um duplo objeto de prazer e de dor (ou apenas a idéia confusa de uma e de outra dessas sensações). Eu me explico. Um homem fica agradavelmente impressionado pela presença de uma bela mulher. Seu primeiro movimento é desejar sua posse, porém, na conversação que tem com ela, descobre nela alguns pontos de vista pouco conformes com aqueles que ele tem. Um temperamento beligerante e gostos caprichosos fazem com que ele tema experimentar dissabores no convívio com ela. No entanto, ele deseja possuí-la. O que ele fará? Tentará reformar a pessoa que ele ama, fará de tudo para voltar as inclinações dela em direção às dele, mas ele conseguirá? Nada é mais incerto.

1º) Porque os defeitos que ele acredita perceber na pessoa que ele ama talvez não sejam reais. Porque talvez, pelo contrário, sejam qualidades naturais, essenciais à substância dela – e que ela não poderia destruir sem aniquilar o seu ser. 2º) Porque a operação que esse homem quer realizar sobre uma criatura independente como ele não tem como base a sua felicidade essencial, e nós não agimos com segurança senão nos casos em que se trata de um prazer ou de uma dor física (as únicas sensações capazes de nos determinar sem o raciocínio).

No mesmo instante em que o homem que estamos supondo percebeu aquela mulher – cuja presença o afetou tão agradavelmente pela idéia que teve de sua posse –, qual era o objeto de sua felicidade? A posse da mulher que ele via e nada além disso. Refletindo, ele acrescentou a essa primeira idéia a do prazer que ele experimentaria convivendo com ela e já erra no julgamento que faz. Ele descobre um caráter contrário ao seu, e ei-lo já infeliz. Tenta refundir esse caráter nos moldes do seu e não consegue – aumento de infelicidade. Por fim, acontecerá que, por ter querido raciocinar sobre os acessórios de sua primeira idéia, ele se verá privado da convivência e do desfrute do objeto que lhe prometia os prazeres mais perfeitos se ele tivesse se limitado a tomar, desse objeto, apenas aquilo que lhe era necessário para ser feliz.

Algumas vezes, no entanto, conseguimos reformar os objetos que nos cercam; porém essa reforma nunca é total; e as mudanças que achamos nas pessoas que nos dedicamos a cultivar são o efeito ou do hábito de conviver com elas ou de um constrangimento que só pode subsistir enquanto existirem as razões que as forçam a permanecer assim.

Para fazer cessar um efeito qualquer, é necessário conhecer sua causa. Ora, como um homem ousa tentar reformar um outro, ele que ignora absolutamente quais são os impulsos produtores dos efeitos que quer reprimir? Não parece que estamos diante de uma criança que, erguendo com suas mãos débeis uma frágil muralha de areia na embocadura de um rio caudaloso, pretendesse deter o curso de suas águas?

Quando, das ações que resultam de nossas tendências, nos provém mais mal do que o bem presente que a satisfação dessas tendências nos proporciona, não temos necessidade de preceptor: a lei eterna da busca do prazer e da fuga da dor logo nos devolve ao bom caminho.

Às vezes, vemos algumas pessoas obterem êxito em empreendimentos indiferentes à sua felicidade; esse êxito é antes o efeito do acaso – quer dizer, do concurso de seres estranhos àquele que age – que o efeito de suas próprias combinações. E o caso que suponho é muito raro; talvez mesmo jamais tenha acontecido. Porque, por mais contrárias que sejam as aparências, é sempre o atrativo do prazer ou, o que dá no mesmo, a fuga da dor que nos põem em ação.

Como nossos conhecimentos estão limitados em um círculo que não abarca nada além daquilo que é útil à nossa própria conservação, como devemos avaliar, portanto, todas essas hipóteses sublimes que pretendem estabelecer a existência dos seres que estão fora da natureza? Se organizarmos essas diversas hipóteses em diferentes classes – cada uma delas formada pelos pontos de vista em que se encontra alguma conformidade – e, em seguida, perguntarmos aos seus autores (ou ao partido que os segue) qual dessas opiniões é preciso seguir, todos vos responderão em uníssono: "A nossa é a única verdadeira, todas as outras são errôneas". No entanto, não pode ocorrer que todas sejam verdadeiras ao mesmo tempo: da sua diversidade, poderíamos inferir até mesmo que todas são falsas. E, nessa perplexidade, o único partido que um homem racional pode tomar é o de duvidar, pois afinal a dúvida vale mais que uma íntima persuasão da verdade da mentira.

A dúvida, porém, só tem utilidade com relação aos objetos que não nos tocam. Não poderíamos duvidar do prazer ou da dor que sentimos. Ora, se, em conseqüência das descobertas que certos homens dizem ter feito, eles querem pôr as tendências que recebi da natureza em um doloroso constrangimento e se, guiados por interesse próprio, eles querem incutir em mim um jugo opressor, sem me fornecer as provas do poder que receberam para agir assim, então estou autorizado a me revoltar contra o aguilhão que me comprime. Minha dúvida não giraria senão em torno da causa que não me tocava. Mas eu não posso aplicá-la ao efeito que sinto. Então, solicitarei sempre as provas dessa causa. E, enquanto não me forem apresentadas, acusarei de injustiça a quem quer que me faça violência.

Encontramos na história da França um fato bem notável sobre essa negação das provas. Tendo o sábio Antoine Villon publicado algumas teses que combatiam os velhos preconceitos, logo a Universidade acusou-o de perversidade nos costumes. Villon não se perturbou nem um pouco com essa imputação e respondeu a ela com um desafio solene a todos os doutores de Paris, oferecendo-se para disputar sozinho contra todos eles e apresentar boas provas para seus pontos de vista. Nicolau de Verdun, primeiro presidente do Parlamento desta capital, disse, ao saber do desafio de Villon: "Rejubilo-me com isso. Isso vai despertar as velhas Musas da Universidade, que já dormem há muito tempo". Enfim, o salão foi preparado e uma grande quantidade de pessoas compareceu para assistir à disputa. No entanto – diz Sorel, historiógrafo do século passado –, o reitor e seus assessores não acharam que lhes fosse vantajoso correr esse risco. A opinião deles teve tanto crédito que houve uma decisão judicial para impedir a disputa, sob o pretexto de que poderia trazer prejuízo à religião. De acordo com esse fato, somos tentados a crer que na Universidade e no Parlamento havia poucos espíritos tão bons quanto Villon e Verdun.

Mas em que dolorosa situação se encontram os homens, reduzidos à escravidão das sociedades? As forças cognoscentes do maior número deles não os podem pôr ao alcance de conhecer os objetos que, por si mesmos ou por suas qualidades, são úteis à sua conservação: e sua ciência, com relação a isso, limita-se apenas ao necessário, achando-se contida em um espaço muito limitado. Um pequeno partido, existente no seio da sociedade, vangloria-se de haver penetrado bem além da natureza, de ter percebido que ela era inerte por si própria e de ter, por fim, chegado ao conhecimento da causa que produziu essa natureza e que a conserva.

Nada é mais lisonjeiro para o homem do que a convicção de um princípio que resistiu por muito tempo às mais profundas investigações; e concordo que devemos um reconhecimento ilimitado aos que fazem descobertas úteis. Limitados, como disse acima, a não conhecer senão aquilo que nos cerca, suportamos com dificuldade uma ignorância que, no entanto, só nos é imposta porque imaginamos insanamente ser aquilo que não somos. Existe, no coração do homem civilizado, um desejo de conhecer que nada pode saciar; é preciso que ele o satisfaça, mesmo que deva perpetuamente recair em erros. É uma necessidade que o selvagem não tem e que o bruto ignora – e, sem dúvida, sua principal felicidade está fundamentada na ausência dessa necessidade. Essa necessidade não está na natureza, já que o homem – que não reconhece outras leis além das suas – não está sujeito a ela. E esse exemplo deveria levar as mais sábias entre as sociedades a se desfazer de um jugo que não lhes vêm senão do preconceito. Entretanto, estamos ainda muito longe de pensar como Platão, que não tinha medo de afirmar que tudo aquilo que está acima de nós não nos diz respeito – dando a entender com isso que, se ele se divertia tratando das coisas metafísicas, era antes para satisfazer o gosto de sua nação que a esperança de encontrar algumas verdades úteis, dedicando-se ao estudo dessa ciência.

Quando se espalhou pelo mundo o primeiro boato sobre a existência de Deus, ele deve ter lançado o universo na mais profunda perplexidade. Como as melhores idéias vão se aperfeiçoando desde seu nascimento, teria sido uma demonstração de mau humor contestar os autores dessa descoberta sobre o valor das provas que eles apresentavam da existência desse ser. Nossa imaginação é suscetível de alguns conhecimentos que de início parecem quiméricos, mas que a experiência realiza em seguida. E acontece muitas vezes de termos uma espécie de convicção da existência de alguns objetos antes de encontrar os termos apropriados para demonstrar aos outros essa mesma existência. A opinião sobre a existência de Deus é muito antiga para estar nesse caso. Seus partidários tiveram todo o tempo necessário para levar à perfeição uma hipótese que, tendo como objeto a felicidade de todos os homens – sem exceção –, deve ser de uma tamanha simplicidade que todos possam compreendê-la.

Não há, portanto, nada de odioso no procedimento de um homem que, de boa-fé, pede provas da existência de um ser desconhecido que lhe é anunciado. Todo o aspecto odioso estaria do lado dos partidários dessa existência se, como única resposta, ordenassem que o curioso fosse enviado para o suplício.

3 | Da existência de Deus

A natureza é inconcebível em seus efeitos, e o mistério vai aumentando à medida que queremos nos aproximar das causas que os produzem. A mais ínfima parte da matéria, na aparência, tem propriedades tão numerosas, é suscetível de tantas modificações e, com efeito, adquire novidades em tão prodigiosa quantidade – muitas vezes, mesmo em um pequeníssimo espaço de tempo –, que ela é e sempre será para o homem um enigma inexplicável. No entanto, esse animal insaciável de novos conhecimentos, não tendo outras faculdades principais a não ser aquelas com as quais são dotados os outros animais dos quais ele se acredita o rei – ou seja, a não ser aquelas que são absolutamente necessárias para sua própria conservação –, presume, apesar de suas carências, ser capaz de penetrar os segredos da natureza. Ele empreendeu essa grande obra e não deixou de fracassar em sua empreitada.

Não existe aparência de que os primeiros homens, que nasceram depois do desenvolvimento dos embriões, tenham tentado explicar a natureza. Eles haviam recebido dela apenas dois sentimentos: a busca do prazer e a fuga da dor. E, em nenhuma dessas impressões, podemos perceber algo que nos leve a examinar a natureza dos átomos ou a substância dos fluidos dos quais o universo talvez seja composto: os únicos movimentos que elas incitam são aqueles que nos põem em ação, seja para nos conservar, seja para aumentar nosso bem-estar. Ora, não existe nenhuma relação entre o conhecimento das causas naturais e a conservação ou o bem-estar de um animal qualquer.

Um longo espaço de tempo ainda deve ter decorrido entre essa época infinitamente recuada e aquela em que os homens resolveram constituir sistemas sobre a ordem da natureza e sobre as causas dessa ordem. Há muita aparência de que o mundo nem sempre foi aquilo que ele é. A natureza deve ter existido por muito tempo sem forma; aquilo que ocorre hoje em dia deve ter ocorrido no começo. Um embrião, antes de produzir, se putrefaz, permanecendo em cocção durante um certo tempo em uma matriz que lhe é apropriada. Assim, os embriões primordiais devem ter ficado em uma matriz geral e aí fermentado até que, por fim, quando o calor acumulado adquiriu bastante força para quebrar a casca do ovo da natureza, chegou o dia de sua existência formal.

Como pode ter acontecido que a cocção não tenha se feito igualmente em todas as partes do ovo, é provável que todos os diversos seres modificados – tal como os vemos hoje – não tenham surgido ao mesmo tempo. Uns estavam chegando ao término, e outros não. E talvez tenham sido necessários muitos séculos para conferir a perfeição da maturidade a alguns embriões que não a haviam recebido na matriz universal. Temos o exemplo disso na ninhada de uma galinha. Se ela é formada por um número muito grande de ovos, os pintinhos não saem da casca ao mesmo tempo; alguns demoram até um dia a mais. E aquilo que a natureza formada realiza no espaço de um dia, talvez tenha custado alguns milhares de anos para a natureza informe, porque na mistura confusa dos elementos deve ter havido contradição nas ações.

Não somente a fermentação dos primeiros embriões, dos primeiros princípios dos diversos seres, deve ter custado longuíssimos trabalhos à mãe comum, não somente ela deve ter consumido um grande número de séculos para aperfeiçoar, para conferir a maturidade necessária à existência aos diversos seres que não a haviam adquirido em seu seio, mas também ela ainda deve ter empregado um imenso lapso de tempo para organizar tudo aquilo que lhe restava de partes grosseiras, após ter expelido os embriões produtores para fora do seu seio. Aquilo que sabemos da distância entre os diversos corpos que compõem apenas o nosso globo pode nos dar uma idéia da infinitude de séculos que deve ter decorrido entre a época em que o universo eclodiu e a época em que esse mesmo universo se achou dotado de um movimento fixo e determinado.

Um espaço imenso de tempo deve ter sido empregado pelas partes mais grosseiras da natureza para se dirigirem, das diversas partes do ovo geral onde estavam espalhadas, para as extremidades e aí formarem – por intermédio dos fluidos que carregavam consigo – essa crosta imensa e sólida que chamamos de firmamento, cujo enorme contorno é capaz de conter um número de globos de uma grandeza incomensurável (talvez infinitamente superior a todos os números que nossa imaginação pode supor).

Nenhum globo pôde tomar lugar enquanto a crosta não adquiriu a consistência necessária para contê-lo. No entanto, quando ela adquiriu essa opacidade que a torna perdurável, que número de séculos não terá sido necessário aos diversos globos para apoiarem seus pólos, para se disporem em uma órbita conveniente?

Uma vez dispostos os globos, é evidente que alguns milhares de séculos terão ainda sido empregados na organização dos diversos corpos luminosos, fluidos ou opacos, que os compõem. Julguemos isso pelo espaço de tempo que é necessário a Saturno, por exemplo, para descer até o Sol. E a comparação ainda é fraca, porque a gravitação e a concentração se fazem bem mais facilmente em um fluido depurado do que antes de ser feita a depuração.

A Terra, que deve ter sido inicialmente apenas um lodo denso, dilatado pelo calor do fogo central do Sol, exalou através de seus poros toda a umidade supérflua que ela continha: o ar espesso e grosseiro libertou-se das partes terrestres que estorvavam sua atividade através da fricção. Essas partes – em razão de seu peso – foram colocar-se nas massas que lhes convinham, pelas leis da atração e da gravitação. Tendo o fogo, através de sua ação, despedaçado as partes que o retinham, reuniu-se no centro; e há muita aparência de que esse elemento tenha sido o primeiro a formar um corpo, porque seu peso deve ter favorecido sua localização.

Concebe-se facilmente que foi necessário um espaço de tempo imenso para realizar todas essas operações; no entanto, é de se presumir que desde o instante em que o ovo universal se partiu, existiram seres, talvez semelhantes ao homem etc. Restam-nos ainda alguns fragmentos da alta Antigüidade que atestam que, em tempos anteriores a eles, havia-se conservado a memória de séculos ainda mais recuados, que foram testemunhas de alguns arranjos feitos na natureza posteriormente à organização primitiva.

Os primeiros humanos que existiram estavam muito próximos do parto da natureza para procurarem fora do seu seio uma causa para sua existência. Aqueles que lhes sucederam, e, em geral, todos aqueles que viveram durante o lapso de tempo que a natureza empregou para situar-se de uma maneira fixa, também não devem ter tentado constituir nenhum sistema sobre a natureza da causa do seu ser. Duas razões opunham-se a isso: a primeira é que eles viam com bastante freqüência novos seres eclodirem, à medida que o fogo – por sua ação – levava ao último grau de maturidade os embriões que não tinham podido adquiri-lo na massa geral; a segunda é que os diversos corpos que compunham seu globo, ao se encaminharem para sua esfera própria, não devem ter deixado de se entrechocar e, por seus choques, feito com que nosso planeta experimentasse calamidades inumeráveis. Ora, o mal que resulta de um efeito não prova de maneira nenhuma a sabedoria da causa que o produziu. Aliás, o sistema da existência de uma causa primeira é o resultado da impotência para se distinguir uma infinidade de outras causas. Deve ter sido só depois de se ter tentado inutilmente penetrar a natureza que se recorreu a isso. Contudo, não se deve ter tentado fixar o sistema da natureza antes que ela estivesse fixada; porque um sistema só pode ser estabelecido sobre coisas seguras, ao menos de um modo geral. Ora, enquanto os corpos que constituem nosso globo eram errantes, foi impossível reduzir a um sistema a natureza e suas propriedades.

A opinião da existência de uma causa primeira – infinita em bondade e em sabedoria, assim como em potência – não poderia ter lugar entre homens que eram continuamente assaltados pelos efeitos que derivavam disso. Essa hipótese deve ser obra daqueles que vieram depois que todos os corpos que compõem nosso globo atingiram seu equilíbrio e que, em razão do seu peso, sua trajetória em torno do seu centro e seu movimento de rotação foram determinados.

Reconheço que os homens que não viram a natureza em seu trabalho de parto, e que a encontraram em um estado praticamente semelhante àquele em que nós a vemos, devem ter sido tomados por uma singular surpresa. A regularidade do percurso dos corpos superiores em nosso globo, a harmonia que nele reina, essas produções infinitamente variadas que se reproduzem de modo contínuo e, mais do que tudo isso, a própria existência do homem e dos outros animais – dos quais a idéia do embrião primitivo estava completamente extinta – devem ter levado os primeiros espectadores do universo organizado a fazer uma multiplicidade de reflexões diversas. Nessas circunstâncias, o homem, tendo nascido curioso, deve ter feito todos os esforços de que era capaz para aprofundar a causa de tudo aquilo que ele via. A natureza obstinada recusava-se, de sua parte, a revelar-lhe um segredo inexplicável. O que fez o homem, então? Com uma tendência para a preguiça no mínimo tão grande quanto para a curiosidade, ele não podia se vangloriar de desvendar o funcionamento de uma máquina destituída, de modo geral, de conhecimento, de sentimento e de inteligência, e que só adquire essas qualidades em razão das diversas configurações que recebe com tanta indiferença quanto insensibilidade. Ele trabalhou, portanto, durante muito tempo, porém em vão. Para compensar-se, na medida do possível, pelos esforços inúteis a que havia se entregado para aprofundar e penetrar os segredos da natureza, ele tomou o partido insensato de considerá-la um cadáver sem força nem vigor, um ser que não tem nenhuma existência própria e que, por conseguinte, é incapaz de proporcioná-la a qualquer outro sujeito. Por fim, ele supôs, de acordo com as qualificações que conferiu à natureza, que ela não passava de um puro nada, subordinada à vontade onipotente de um outro ser que a havia animado, comunicando-lhe o movimento.

Não se tinham mais ao alcance das mãos as cascas particulares dos diversos ovos (onde os primeiros embriões dos seres haviam sido formados) para mostrá-las. O primeiro homem que havia saído da lama lodacenta e que, por intermédio dos diversos graus de fogo que lhe haviam sido comunicados pela aplicação sucessiva dos raios do Sol, havia enfim partido sua casca para ver a luz já não estava mais na terra. Não se via mais – ou, pelo menos, já não se prestava mais atenção a isso – eclodirem os novos seres. E, como o mesmo ovo deveria, sem cessar, produzir frangos, julgou-se levianamente que, uma vez que a natureza não produzia mais nada, ela nunca havia produzido nada.

Se os homens tivessem levado suas reflexões um pouco mais longe, teriam compreendido que a reprodução dos seres é o resultado da digestão dos alimentos ingeridos pelo animal e da cocção que se faz de seu embrião em uma matriz adaptada e que, por conseguinte, seria impossível que a natureza tivesse partos sucessivos, já que ela, no primeiro, havia expelido a totalidade dos embriões e das matrizes de todos os seres possíveis. Se esses embriões e essas matrizes não tivessem recebido, pelo impulso do fogo, o movimento que lhes era necessário para alcançar os lugares onde crescem os alimentos que lhes são apropriados, o mundo jamais teria existido. Os primeiros embriões teriam perecido, sufocados pelo lodo, e se por acaso um único homem tivesse existido então, ele teria visto uma multiplicidade infinita de diversos seres, levantando com dificuldade, com suas mãos débeis, a matéria móvel que os envolvia e sucumbindo, por fim, sob o peso das dores causadas pela inanição.

Aliás, se a natureza tivesse conservado em seu seio, dilacerado pelo primeiro parto, alguns embriões, e se tivesse continuado a produzir seres da mesma maneira que havia feito primordialmente, ou o mundo e sua constituição não seriam de modo algum aquilo que são – ou seja, os animais e, em geral, tudo aquilo que tem vida seria privado do poder de se propagar –, ou reinariam no universo as mais pavorosas desordens. Existe uma demonstrada impossibilidade de produção contínua da natureza da maneira como ela produziu em primeiro lugar: cega e insensível como é, teria sido sempre ao acaso que ela teria espalhado os embriões. Os animais existentes não teriam podido dar um passo sem atropelar outros animais possíveis, e, com certeza, se o embrião de um carvalho e o de um elefante caíssem no lugar onde ela houvesse depositado o de um homem ou o de uma mosca, eles os aniquilariam.

Os inventores do sistema da existência de uma causa primeira não fizeram essas reflexões e, zangados com a natureza que eles não podiam penetrar – embora ela estivesse à sua volta –, preferiram reconhecer como princípio geral um ser do qual eles ignoravam até o nome, em vez de se considerarem filhos da natureza.

O amor-próprio teve no mínimo tanta participação quanto a ignorância na suposição de um Deus. Todos os sistemas que se elaboravam sobre a natureza eram destruídos pela experiência; remontando a uma causa desconhecida, eles acreditaram pôr-se ao abrigo das objeções (não sobre os efeitos, mas sobre a maneira pela qual eles eram produzidos). Na nova hipótese, a onipotência da causa primeira tornou-se o escudo que se opôs a todas as objeções.

Uma outra vantagem, ligada a essa, que os homens acharam em forjar um Deus foi dar a si próprios uma origem divina, fazendo-se criar pelo simulacro da causa primeira. Apesar das numerosas fantasias com as quais essa hipótese foi cumulada, resta sempre uma forte impressão nos homens acerca de seu verdadeiro nascimento. Deus – diz Moisés, no primeiro capítulo do Gênesis – tomou da lama e com ela formou o homem, e depois com seu sopro deu-lhe vida. Mas esse mau historiador do acontecimento mais interessante não nos diz que Deus tenha soprado sobre os animais. E, no entanto, esses brutos são animados. Será que a matéria, sem a ajuda do sopro de Deus, pode ser animada? É pelo menos aquilo que Moisés nos dá a entender, porque, certamente, se Deus tivesse soprado sobre os brutos, ele não teria omitido esse fato.

Considerando atentamente o caráter predominante entre os homens, veremos que era impossível que eles não chegassem à admissão de uma causa primeira. Com a curiosidade combatida pela preguiça, mantida pelo amor-próprio, mas sempre limitada pela ignorância, havia a necessidade de que, para libertar-se de sua incerteza, eles constituíssem um ser inacessível à experiência, pela onipotência absoluta do qual eles pudessem dar a razão de todos os efeitos que não podiam compreender.

Adotando a idéia de uma causa primeira, eles não tiveram o cuidado de ver que não apenas tiravam de si próprios a faculdade de responder às objeções contra a natureza, ao interditarem a via da experiência, como ainda geravam uma multidão de dificuldades insuperáveis. Não existe nenhum homem de boa-fé que não reconheça que, além dos obstáculos freqüentes que se encontram no desenvolvimento do sistema materialista, a partir do momento em que se admite um Deus, apresenta-se um grande número de impossibilidades que toda a arte dos sofistas não seria capaz de destruir. Evitarei apresentá-las todas aqui, mas mencionarei algumas que serão suficientes para fazer sentir toda a fragilidade dessa hipótese.

Sei que os partidários da Divindade têm o costume de barrar incessantemente seus adversários por meio da vontade e da potência de seu Deus. No entanto, esses sutis lógicos ignoram que, numa disputa segundo as regras, um princípio só é admitido quando demonstrado incontestavelmente? Ora, para se servirem contra mim dessa vontade e dessa potência, que eles primeiro me provem sua existência. Quando o princípio estiver provado, se as conseqüências que se tiram daí derivam realmente dele, serei forçado a admiti-las. É respondendo às objeções que podem ser feitas contra um sistema que se estabelece solidamente sua verdade. Os tormentos e as perseguições que são impostas àqueles que buscam a verdade não constituem nenhuma prova. Apenas demonstram, contra aqueles que os exercem, que eles não têm melhores razões para apresentar.

Com efeito, que luz se lança no espírito de um homem que pergunta se existe um Deus se não lhe apresentam, como garantia dessa existência, senão o suplício que sofreram alguns filósofos que a negaram? Nações sábias e ilustres, embora pagãs, não deram tratamento semelhante a homens que sustentavam que não podiam existir diversas divindades? Se a Roma cristã e a antiga e célebre Atenas tivessem existido ao mesmo tempo e se um selvagem, tendo reunido os chefes das religiões dominantes nessas duas cidades, tivesse lhes feito a seguinte pergunta: "Devo acreditar em um ou em diversos deuses?", teriam dito os romanos cristãos: "Existe apenas um em três pessoas"; "Existe uma quantidade bem maior", teriam respondido os gregos: "Júpiter, Saturno, Vênus, Juno etc. etc.". No entanto, se um deísta se encontrasse no mesmo local, ele teria dito ao selvagem: "Todos esses sacerdotes são velhacos e mentirosos; não existe senão um Deus, único em essência, e vós sentis perfeitamente que a infinitude das perfeições que nós chamamos de Deus não é de modo algum suscetível de divisão". De acordo com as leis da lógica, é pela opinião do deísta que seria necessário se decidir – reservando-se sempre, todavia, o direito de examinar as proposições. Contudo, o selvagem que nós supomos ignora essas leis e, se compreende bastante as línguas grega e latina para avaliar o mérito das duas nações, predisposto, sem dúvida, em favor de Atenas, ele optará pelo partido desta, sem poder dar a si mesmo a razão de sua escolha. Tal será o primeiro passo de um selvagem. Mas, se ele sabe refletir, se se dedica ao exame, ele logo se verá numa dúvida que faz a felicidade de uns e a infelicidade de outros. A conduta que adotamos por natureza é quase a mesma que adotam todos os homens. Nossa indolência não nos permite ver por nós mesmos: temos a necessidade dos olhos dos outros. Contudo, uma coisa aprendida de um de nossos semelhantes é como uma distância percebida através de um telescópio enganador e falso, pelo menos na maioria das vezes.

Quando digo que aquilo que nos chega por intermédio dos outros homens está sujeito a ser falso, não pretendo de modo algum generalizar. Estou bem distante de reprovar a instrução que é dada por intermédio da sociedade, porém tenho minhas desconfianças com relação às pessoas que provam a justeza de seus argumentos através do ferro e do fogo.

As violências empregadas pelos cristãos para ampliar sua religião talvez sejam a mais forte das razões que a impedem de ser recebida nas quatro partes do mundo conhecido. A partir do momento em que os padres entraram em algum lugar e com seus sofismas conquistaram uma populaça ignorante, em conseqüência dessa conversão feita sem conhecimento de causa e apenas pelo terror de um quimérico futuro, eles pretenderam sujeitar o espírito dos homens que estavam acima do vulgo. Essa segunda cura era mais difícil que a primeira. Essas pessoas esclarecidas não quiseram se submeter. Os sacerdotes já tinham o povo do seu lado: a estupidez sempre gosta da novidade. O magistrado e o próprio soberano – cuja felicidade toda está fundamentada na estima do povo – protegeram-no em sua crença. E, como a fé e o furor não estão muito afastados um do outro, o sábio viu-se então na triste necessidade de renunciar à vida ou às suas luzes naturais. Os progressos da filosofia parecem ter posto os homens ao abrigo das violências que os sacerdotes de todas as religiões têm exercido sobre eles desde o instante em que as religiões apareceram no mundo. Ainda não é seguro contestar-lhes a realidade das quimeras que eles recitam. Mas, ao menos, sofre-se apenas com seu ódio, que vemos bem raramente, hoje em dia, produzir grandes efeitos. A impotência em que eles estão para vingar-se com estardalhaço, como antigamente, deveria mesmo convencê-los a se calarem quando se atacam seus pontos de vista: a menos que se sintam em condições de combater com armas iguais às de seus adversários. Que discutam, mas sem azedume e sem fel: prometemos jamais condená-los à fogueira pelo crime de lesa-geometria, que eles cometem ao sustentar que três pessoas constituem apenas um único Deus. Jamais usaremos de represálias para com eles. É preciso deixar ao Deus deles o direito de punir os filhos pelo pecado do pai – direito que faria com que encarássemos como um tirano odioso qualquer mortal que resolvesse fazer uso dele. Mas as condições estão definidas; entremos na disputa.

Contra a infinitude de Deus

1º O que é Deus? Deus, dizem os catecismos cristãos, é um ser infinito, independente, imutável, que sabe tudo, vê tudo, conhece todas as coisas e governa todas elas.

Deus é um ser infinito! Que triunfo para os materialistas! Além do infinito não existe nada; tudo está compreendido no infinito. É mesmo possível afirmar, de acordo com a proposição de *que existe um ser infinito*, que não existe de modo algum o nada, porque, como o infinito abrange igualmente tanto a existência quanto a possibilidade da existência, não se concebe além dele nem mesmo um único ponto matemático, nem um único espaço racional. Meu leitor percebe que não é para alegrar a matéria de que estou tratando que me divirto discutindo sobre o nada. Basta, para fazer desabar o edifício que os filósofos deístas ergueram sobre o nada, fazer-lhes uma única pergunta: o que é o nada?

Eles se calam diante dessa proposição, pela razão – que repito tantas vezes nesta obra – de que só podemos raciocinar sobre as coisas que conhecemos, não importa de que maneira. Eu insisto. O nada não poderia estar em Deus, porque, nesse caso, Deus não seria infinitamente existente; haveria em sua essência o ser e o não-ser, o que é absurdo. Nossos adversários concordarão. O nada não poderia também estar fora de Deus, porque, nesse caso, Deus não seria infinito, já que o nada – ou seja, uma coisa que não é nada em um tempo, mas que tem a potência de ser alguma coisa em um outro tempo – existiria como possibilidade fora de Deus.

Vamos mais longe, porém. O nada não tem nenhuma existência ou tem uma existência possível e tal como Deus tinha idéia dela. Se o nada não tivesse nenhuma existência, se não fosse *nada* – no sentido metafísico em que entendemos essa palavra –, ele não poderia ser o sujeito da ação de uma vontade de Deus. Concorda-se em todas as facções que a onipotência de Deus não poderia fazer com que um quadrado fosse ao mesmo tempo quadrado e círculo, porque é impossível que uma coisa seja e não seja ao mesmo tempo. É, no entanto, aquilo que teria ocorrido com o nada, se acreditarmos em nossos adversários. No mesmo instante em que ele recebeu o ser – digamos melhor, no instante em que Deus concebeu a possibilidade de seu ser –, o nada era e não era; Deus concebeu, então, que ele não era nada e que ele era alguma coisa.

Se o nada existisse com uma existência somente possível, e se Deus tivesse a idéia disso, ele o conceberia como existindo possivelmente fora dele ou como existindo possivelmente dentro dele. No primeiro caso, Deus concebe que ele não é infinito com toda a infinitude, visto que percebe fora dele uma existência em possibilidade. No segundo caso, Deus ainda não é de modo algum infinito, porque é a existência infinita-real que constitui a infinitude-real: ora, Deus encontraria em si, então, um não-ser real, que teria apenas uma existência possível: e então Deus seria apenas um infinito possível, ao qual faltaria a existência do nada que ele conteria para ser um infinito real.

Mas eis aqui coisa bem diferente. A partir do instante em que Deus deu o ser ao nada, ele renunciou à sua infinitude ou à sua espiritualidade. Que paradoxo!, exclamam meus adversários. No entanto, não se trata de paradoxo, e eu o provo. Não importa em que recanto da infinitude existisse o nada, ou seja, a possibilidade que *nada* tinha para *ser*. Desse *nada*, Deus fez a natureza. Ela é material, existe e tem extensão, mas Deus é puramente espiritual. A partir dessa criação foi necessário, portanto, que ele *diminuísse* sua infinitude para dar lugar à matéria, que ocupa um espaço, a menos que se prefira admitir que ele conservou a matéria na infinitude de sua essência espiritual. Entre esses dois pontos de vista, deixo à escolha de nossos adversários aquele que melhor lhes convier; porém eles terão de optar por um. E eu digo logo de início: se a matéria existe de fato, Deus não é infinito. Porque a matéria é extensa, ocupa um espaço: ora, Deus e a matéria não podem de forma alguma ser confundidos, eles possuem uma existência absolutamente distinta, portanto não subsistem no mesmo momento no mesmo lugar. A matéria, porém, é imensa em extensão, logo, é preciso subtrair a imensidade da matéria da infinitude de Deus: portanto Deus não é infinito.

Se, ao contrário, nossos adversários admitissem que a matéria e Deus existem juntos e conjuntamente em toda parte, eles garantiriam, através dessa declaração, sua infinitude até certo ponto. Mas o que aconteceria com sua espiritualidade? Pode-se dizer de um ser qualquer que ele é espiritual, ao passo que se admite que ele contém uma imensa quantidade de matéria? Pode-se dizer que uma mistura de espírito e de matéria compõe um ser infinitamente perfeito, ao passo que as partes que o formam são absolutamente heterogêneas entre si? Porque qual é a homogeneidade que pode ser percebida entre a matéria e o espírito? Nenhuma. É necessário, para que um ser seja infinito, que todas as partes que o compõem sejam elas próprias infinitas: para que essas partes desfrutem da infinitude, é necessário que elas sejam da mesma natureza. De outro modo, a proposição "o ser é infinito, o não-ser é infinito" seria verdadeira, o que é absurdo. Eu acabei de dizer que nossos adversários manteriam *até certo ponto* a infinitude de Deus, admitindo sua mistura com a matéria; porém essa expressão mostra que não estou com nenhuma disposição de me deixar enganar por suas declarações. O que é que poderia constituir a infinitude de um ser? É a infinitude das perfeições. Ora, como a matéria não é nem um único instante a mesma em nenhum ser, ela não poderia ser chamada de perfeita com uma perfeição de natureza e absoluta, porque a perfeição é imutável. É contraditório que um ser perfeito mude, porque o que ele poderia adquirir com essas mudanças? Não há nada além da perfeição; ele só poderia adquirir, portanto, a imperfeição – o que não é admissível. Por conseguinte, ainda que os filósofos partidários da Divindade reconhecessem, para salvar sua infinitude, que ela compreende a matéria, esse reconhecimento seria apenas para sua infinita extensão, e não para sua infinita perfeição, que estaria – desde então – destruída pela admissão da matéria em sua substância. E o que seria um Deus que não fosse infinito em perfeições? Não poderia ser um Deus, porque nós poderíamos conceber um ser de uma natureza superior à sua, ou seja, um ser que compreendesse em sua essência a infinitude das perfeições.

Acabamos de ver que é impossível que exista um ser infinito, no sentido em que se toma essa palavra – ou seja, um Deus, substância distinta da matéria –, e que, para supô-lo, é necessário resolver-se a sustentar, contra as mais fortes demonstrações, que a matéria não possui nenhuma existência. A impossibilidade das duas existências, material e espiritual, pareceu tão evidente para alguns filósofos, que, perdendo a esperança de um dia poder conciliá-las, eles se determinaram a não admitir senão uma delas. Fechando os olhos para as propriedades inumeráveis com as quais a matéria é abastecida, para o movimento com o qual ela é dotada, para as produções variadas que são o resultado de seus movimentos diversos e para a solidez e a consistência de suas partes, eles sustentaram que ela não existia. Foi-lhes objetada a existência dos corpos: eles sustentaram que ela era apenas objetiva – ou seja, aparente. Foi-lhes dito: "Ajudados pelo movimento orgânico, nós nos aproximamos dos corpos. O sentido da visão nos faz perceber suas cores, o do tato nos torna sensíveis suas qualidades duras ou moles. E nós vemos, então, as modificações que nossa ação produz neles. É, portanto, impossível que, em todas essas operações, o corpo agente e o corpo paciente não tenham nenhuma existência real, já que sentem realmente sua ação recíproca uns sobre os outros". "Todas essas razões", responderam nossos filósofos imaterialistas, "seriam boas se fosse possível que existisse matéria. No entanto, convencidos de que existe um Deus – quer dizer, um ser de uma substância espiritual – e que esse ser é infinito, nós não poderíamos admitir a matéria; porque a matéria não sendo espiritual, e Deus o sendo, se existisse matéria, Deus não subsistiria mais como infinito." É impossível negar que a opinião dos filósofos imaterialistas é extravagante. No entanto, na França, na Inglaterra e na Alemanha, essa opinião teve grandes homens como partidários. O que concluir disso? Que há uma impossibilidade absoluta de que existam, ao mesmo tempo, um ser espiritual infinito e um ser material de uma imensa extensão. De fato, como já dissemos, além do infinito não existe nada, nem mesmo um ponto! No entanto, a matéria existe, e ela é imensa! De onde resultaria, de acordo com a opinião recebida, que a imensidade e a infinitude existem ao mesmo tempo e distintamente (e mesmo – o que é notável – com uma distinção de natureza). Ora, isso não é possível. Deus existe e é infinito: isso é afirmado, mas não é provado. A matéria existe e ela é imensa: afirma-se isso e demonstra-se. Portanto, Deus não é infinito. É a tais argumentos, fundamentados nos cálculos mais simples, que peço aos nossos adversários que respondam, não empregando senão termos igualmente inteligíveis, palavras cujo valor fixo e determinado seja entendido pelo mais grosseiro camponês. Porque se, de um lado, as fogueiras que eles preparam para aqueles que ousam combater seus pontos de vista não puderam sufocar neles o amor pela verdade, de outro, eles não podem se vangloriar de que os enormes volumes de sofismas que eles escreveram tenham lançado no espírito dos homens o menor grau de convicção. Se Deus existe, a teologia deve ser a mais simples de todas as ciências, e todos os homens devem ter precisamente a mesma idéia dessa existência. No entanto, estamos bem longe de ter chegado a esse ponto de acordo quanto a esse importante assunto, que as disputas fomentadas pelo interesse dos padres só fazem tornar mais obscuro, longe de lançar alguma claridade sobre ele. Passemos ao artigo sobre a independência de Deus e vejamos se é possível sustentá-la com mais fundamento que a sua infinitude.

Contra a independência de Deus

2º Deus é um ser independente. Por "ser independente" entendemos um ser que não depende de outro para nada, e isso ainda não é o bastante, porque é necessário, para constituir tal ser, que tudo aquilo que não está nele esteja na sua dependência: de outro modo, não haveria mais a infinitude nos atributos, já que ele não seria o único ser independente. A infinitude da independência em um ser supõe a dependência de tudo aquilo que não está nele. Isso não tem necessidade de demonstração.

Não iremos mais adiante sem nos apercebermos de que a independência suposta em Deus pelos teístas é puramente gratuita. Se Deus é independente, por que ele não criou o mundo desde a eternidade? Porque ele não quis. Muito bem. Mas das duas uma: ou, querendo, ele não pôde, ou, podendo, ele não quis. Se, querendo, ele não pôde, é um Deus impotente; nesse caso, seu poder depende, e aquilo por intermédio do qual ele teria podido fazê-lo é de uma natureza superior à sua. Se, ao contrário, podendo fazê-lo, ele não quis, estou no direito de afirmar que há contradição entre a vontade e a potência desse ser. Na Divindade, potência, bondade, vontade e desejo, tudo é eterno e tudo tem eternamente seu efeito. Ora, se Deus desejou a existência do mundo desde sempre, como é possível que essa existência só tenha ocorrido em uma determinada época infinitamente distante da eternidade? A vontade é a conseqüência do desejo: não queremos uma coisa que nos repugna, sobretudo quando possuímos o poder no grau mais eminente. Segue-se daí que Deus teve um desejo que não pôde ser cumprido e satisfeito durante todo o tempo que decorreu entre o primeiro ponto e o instante em que o mundo surgiu. Durante esse imenso intervalo, Deus não foi perfeitamente feliz. Porque ele queria e não satisfazia o seu querer: ele não é, portanto, Deus.

Ele não o quis – dirão – senão quando o fez. De onde vem, contudo, essa vontade nova em Deus? Ele é infinito, eterno e, no entanto, eis alguma coisa de novo que ele recebe: a vontade de criar o mundo. Ele não tinha essa vontade: recebeu-a, portanto, de alguma outra substância superior à sua (e que agiu sobre ela).

Foi para o bem ou para o mal que Deus criou o mundo? Se é para o bem que o mundo existe, ele deveria existir eternamente, ou então Deus não é bom. Se é para o mal, sua existência jamais deveria acontecer, ou Deus não é onipotente. Mas, se o mundo tivesse existido eternamente, Deus não seria Deus, pois, quem diz eterno diz sem começo. A prioridade em matéria de eternidade não pode ser discutida. Ora, Deus eterno e o mundo criado por toda a eternidade resultam na mesma coisa. Então haveria duas substâncias eternas: o espírito e a matéria. Mas a matéria, não tendo começo, não poderia ter fim. Sua existência se tornaria necessária e, então, a substância espiritual – ou, se quiserem, um Deus conservador e remunerador – seria uma coisa absolutamente inútil.

Se nossos adversários preferirem, admitirei que o mundo foi criado em uma determinada época. Contudo, além do inconveniente que vimos resultar desse ponto de vista, resta ainda um sério obstáculo a ser transposto: é que essa hipótese promove uma cruel alteração na infinitude da vontade de Deus. Pela mesma razão que aquilo que é infinito não tem começo nem fim, aquilo que começou deve acabar. No entanto, quando o mundo criado deixar de existir, em que se tornará a vontade de Deus, que queria essa existência? Se Deus é infinito atualmente, ele não mais o será quando o mundo tiver deixado de ser, pois ele terá uma vontade a menos. E que não se diga que as vontades se sucedem em Deus, porque isso seria fazer dele um homem. Aliás, a criação admitida por muitos filósofos não poderia subsistir sem destruir a infinitude de perfeições que é a única que pode constituir um Deus. Se Deus era infinitamente feliz antes da criação do mundo, ele não deve ter criado o mundo para a sua felicidade: a menos, no entanto, que suponhamos que um objeto de felicidade tenha se extinguido em Deus e ele tenha criado o mundo para substituí-lo. Entretanto, quando o mundo não mais existir, será necessário que a Divindade se entregue a alguma outra operação para substituir a felicidade que perderá com a aniquilação da natureza.

Nossos adversários dirão, talvez, que Deus não fez o mundo para sua felicidade, que é inalterável. Mas para a felicidade de quem, então, ele o fez? Não pode ser para a do homem; nós tememos o aniquilamento aparente porque temos o uso do ser; porém, para quem nunca foi, o não-ser é a mais feliz de todas as condições. Nos diversos sistemas religiosos, as condições requeridas para a felicidade do homem tornam-na uma coisa bastante incerta. Às preocupações religiosas – que são todas ou quase todas extremamente aborrecidas –, juntam-se as preocupações civis, que são inumeráveis, de modo que a duração do ser é uma coisa que o homem compra à custa de seu bem-estar.

Deus – dizem ainda nossos adversários – criou o mundo e, entre os seres, o homem para sua glória. Eis, portanto, Deus dependente: faltava-lhe essa glorificação. E isso é tão verdadeiro que ele, no Velho Testamento, recomenda mais de uma vez aos hebreus que o glorifiquem, e que o glorifiquem com exclusividade, tanto tinha ciúmes dessa glorificação. E, na adoração que esse Ser Soberano exige dos humanos, quantos aspectos existem que provam que ele não é independente! Ele tem necessidade da homenagem dos homens, ele a exige e, se eles deixam de prestá-la, toda a sua cólera rebenta sobre suas cabeças. Mas de onde vem o fato de que os mortais cultem outros além daquele que os criou? De onde vem o fato de que esse Deus – para a felicidade do qual esse culto contribui – não tenha disposto o coração do homem de maneira a que toda a sua devoção e seu reconhecimento se voltassem para ele? De onde vem? Eu o pergunto aos nossos adversários, porque nada sei sobre isso. Aquilo que bem sei é que, se Deus não predispôs todos esses mortais a amá-lo e adorá-lo, é porque ele não pôde ou porque ele não quis. Mas, se ele não quis, não seria uma injustiça exigir deveres dos quais ele sabia que eles seriam desviados, sobretudo quando não lhes deu a força para resistirem e se manterem no caminho pelo qual ele desejava que seguissem? Se ele quis, sem poder fazê-lo, como lamento que os homens estejam nas mãos de um soberano que tem apenas o poder de punir os violadores de suas leis, sem ter o poder de afastar de seus súditos os autores de sua infidelidade! Caberia à bondade de Deus expulsar de seu pensamento a vontade de criar os homens, logo que ela ali entrou, já que ele, então, deve ter previsto que uma potência, no mínimo equivalente à sua, insuflaria neles o espírito de revolta a partir do momento em que estivessem em condições de receber essa funesta impressão. Teria sido ainda bem simples se Deus tivesse aniquilado o Diabo quando da criação do mundo ou que o tivesse encadeado de maneira que não pudesse se mexer ou, enfim, que tivesse tirado todos os seus poderes. Porque, afinal, os filósofos que combatemos não negarão que o Diabo recebe sua força apenas de Deus. O conhecimento que a Divindade tinha do poder de seu inimigo não podia deixar que ela ignorasse que o homem, logo que desabrochasse, se tornaria o objeto sobre o qual ele exerceria suas malvadezas. Se Satã pôde seduzir anjos – ou seja, espíritos puros –, Deus devia presumir que seus artifícios atuariam de uma maneira infinitamente mais poderosa sobre os homens, sobre seres compostos de um sopro e de um pouco de matéria grosseira. Entretanto, ele não tomou nenhuma dessas precauções. Ele é, portanto, um ser impotente ou então um ser cruel.

Mas – dirá alguém –, ao criar o homem, Deus presenteou-o com o livre-arbítrio, presente suficiente e que o punha em condições de se dirigir ao altar, para o qual o reconhecimento o chamava, ou de se perfilar no partido do inimigo, por sua própria escolha e sem nenhuma coação. Contudo, os anjos no céu não eram dotados dessa mesma liberdade de escolha? Sim, respondem. Eles, no entanto, sucumbiram. Deus, que fez os homens com uma natureza muito inferior à deles e que, juntamente com a paixão que causou a queda dos anjos, deu-lhes ainda uma multidão de outras paixões – entre as quais existem algumas que os homens não poderiam se recusar a satisfazer sem caírem nos sofrimentos –, não deveria ter presumido facilmente que os mortais seriam ainda menos resistentes que os anjos? Admitindo-se que o homem é livre, que idéia se pode fazer de um Deus que, concorrendo com o Diabo nos motivos que ambos apresentam aos mortais para determinar sua escolha, não tem o poder de fazê-los pender para o seu lado? Estamos sempre reduzidos a dizer que ele não quer ou que ele não pode. Da minha parte, creio que ele não pode fazê-lo. Para prová-lo, digamos algumas palavras: Deus não tem, em toda a natureza, um maior inimigo que o Diabo, e, de acordo com o ódio que reina entre eles, não poderíamos admitir que ele aplauda o aumento do império do outro. No entanto, em qualquer sistema de religião que consideremos, a maior parte dos homens não irá habitar o Céu após a morte: eles serão vítimas das chamas no império do Demônio. De onde resulta que, se Deus tem o poder de dar a todos os homens uma tendência irresistível para o bem e não lhes dá, é porque ele ama ainda mais o seu antigo inimigo que os homens, aquilo que é odioso pressupor. É necessário, portanto, admitir que, se Deus não dá a todos os homens a força necessária para resistir ao Diabo, é porque ele está na impossibilidade de fazê-lo. E que, por conseguinte, existe acima dele uma certa lei, uma necessidade, um destino, uma fatalidade, à qual ele está submetido e que, contra os sentimentos que lhe inspira sua bondade, o força a ceder uma parte das criaturas que ele fez, para sua glória, ao Diabo – que ergue, com isso, um troféu à sua vergonha – e que, por fim, ele não é independente como o definem os teístas.

É sobretudo através do sistema dos cristãos que a independência de Deus é mais fortemente combatida. O Soberano Ser resolveu, desde o instante da queda do primeiro homem, que o reergueria. Ele tinha em mãos tudo aquilo que era necessário para essa reabilitação. No entanto, ele só fez uso disso ao cabo de 4 mil anos. Durante esse imenso lapso de tempo, todos os homens, maculados pelo pecado original que o primeiro pai havia lhes transmitido como uma doença, não vinham ao mundo senão para serem os servidores do Diabo. Quer vivessem bem ou mal, o inferno era o seu quinhão. Dessa multidão, um pequeno número escapou porque mandou cortar o próprio prepúcio e soube adivinhar que Deus um dia enviaria seu filho: pelo menos, é assim que São Paulo diz que Abraão realizou sua justificação. Ah!, por que esperaste tanto tempo, ó Deus, para enviar aos homens aquele que era o único a possuir o segredo de cativar com a água e com o espírito? Por quê? É porque os tempos ainda não haviam chegado. O quê! A vontade de Deus, que certamente é infinita e onipotente, tem um tempo marcado para ter seu efeito? Prefiro dizer que ele não pôde enviar mais cedo esse remédio. Pois, se é verdade que um ser que não está revestido com a onipotência não é Deus, não é menos verdadeiro sustentar que aquele que não é infinitamente bom não poderia sê-lo. Examinemos, porém, a natureza desse remédio que Deus enviou aos homens para curá-los da lepra do pecado original. Que homem não consideraria a Divindade um ser impiedoso, se fosse adepto do ponto de vista de sua independência? No primeiro termo da eternidade, uma palavra saída da boca de Deus – que ele dirigia a não sei quem – foi um Verbo que, por intermédio da onipotência do Pai, tornou-se uma pessoa real; uma substância que, embora saída de sua boca, não deixou de ser considerada tão antiga quanto aquele que a havia constituído. Não me estenderei aqui sobre tudo aquilo que existe de repugnante nessa história, mas observarei apenas que, mal o Verbo saiu para fora da boca do Eterno, o amor que reinou entre eles foi tão vivo que de seus mútuos abraços saiu uma outra pessoa, divina como as duas primeiras e eterna como seus autores.

Se o amor entre o Pai e o Filho produziu um tão estranho efeito, deixo-vos a tarefa de pensar qual seria sua violência. No entanto, que partido vai tomar o Pai! Entre os homens, aquilo que chamamos de amor, de amizade, consiste em parte em não permitir que o objeto de nossa afeição receba nenhum desprazer. Nós afastamos dele, tanto quanto nos é possível, tudo aquilo que poderia causar-lhe uma mínima dor. No entanto, se nossa frágil natureza comporta tais sentimentos, quais devem ser, então, os de duas pessoas divinas que se amam mutuamente? O amor entre as divindades é tamanho que todas as vezes que se disser a um homem sensato que um Deus pai pôde se decidir a entregar ao suplício e à ignomínia um Deus seu filho, ele sustentará ferrenhamente que estão lhe contando uma fábula, ou que esse Deus que permite que seu filho sofra esses horrores é um Deus de baixa categoria, que não pôde impedir a morte de seu filho, ordenada por divindades de uma condição superior à sua.

Era preciso que Cristo morresse entre tormentos, dizem os cristãos. Mas por que ninguém nunca quis ter o trabalho de observar que a expressão "era preciso" é insultante para a Divindade? Que, na pressuposição da onipotência, os meios nunca são necessidades para ela, nem quanto à escolha nem quanto à execução? Deus podia: 1º) Não permitir que Adão pecasse. 2º) Depois que Adão pecou, era preciso perdoá-lo por seu crime ou puni-lo, mas qual era a necessidade de tornar culpados seus descendentes, que não tinham tido nenhuma participação em sua desobediência? 3º) Visto que era chegado o tempo, quando da encarnação do Verbo, de limpar a ferida causada nos homens pelo pecado original, Deus tinha apenas de pronunciar uma palavra e o pecado desapareceria. Mas e a condição do batismo, para os homens do futuro? Ele não tinha nenhuma necessidade de impô-la. A beatitude de tantas pessoas que morrem sem batismo – e muitas vezes sem pecado, como as crianças – não seria uma coisa tão duvidosa. 4º) Se fosse absolutamente necessário um batismo, Deus poderia ordená-lo, e não lhe faltariam meios de fazê-lo – e isso vale para os outros sacramentos que Jesus Cristo instituiu.

Deus não empregou nenhum desses meios, ele enviou seu filho e suportou que ele fosse crucificado. É que ele não poderia ter feito de outro modo. Era preciso, dirão os cristãos, que um Deus sofresse a morte para a salvação dos homens. E de onde vem essa necessidade? É porque eles haviam ofendido a Deus. E quem os tinha levado a ofender Deus pai? Teria sido Deus filho? Não! Quem, então? O Diabo. Era necessário – e é aí que essa palavra pode encontrar seu lugar – fazer com que o Diabo fosse derrubado. Quantos dilemas o Pai não deve ter suportado quando tomou a bárbara resolução de entregar seu filho à morte? Ah! Sem dúvida, ele esgotou todos os meios, antes de optar por esse. E, se ele tivesse sido livre para escolher, jamais teria se servido dele. A sorte do filho de Deus deve ser ainda mais lamentada pelo fato de que ele próprio havia sido ofendido. Ora, o que pensar de um Deus que, para vingar a ofensa que lhe fizeram, entrega-se voluntariamente à morte? Vamos mais longe: que idéia podemos formar de três pessoas divinas iguais em potência, em eternidade e em infinitude de perfeições, das quais a primeira, a segunda e a terceira, achando-se igualmente ultrajadas pelo ato de desobediência cometido outrora por um fraco mortal, não encontram – no entanto – os mesmos meios de fazer com que seja reparada a vergonha que elas receberam? Tal é, no entanto, o caso em que vemos cair a Trindade. Ela foi ofendida na totalidade, mas só a segunda pessoa encontrou um expediente apropriado para expiar a ofensa. Sem dúvida, o Pai e o Espírito Santo sabiam, tal como o Filho, que o único meio de satisfazê-los era que um Deus morresse. Mas, aparentemente, eles achavam esse meio demasiado violento para quererem suportar que fosse executado sobre as suas pessoas. O Pai esquecendo seu amor, o Espírito Santo espezinhando a ternura filial, permitem – um, que seu filho, o outro, que um de seus pais – seja entregue aos carrascos. De acordo com esta exposição sucinta, que tentem me provar que Deus é independente. Que tomem cuidado, porém: o argumento que for empregado para provar que Deus pai escolheu voluntariamente o meio de reparar a ofensa recebida através da morte de um filho – o objeto de suas mais caras delícias – arrebatará dele, ao mesmo tempo, o mais belo de seus atributos: sua bondade infinita, e, demonstrando que ele é livre, estabelecerá de uma maneira vitoriosa que ele é o tirano mais cruel que se possa imaginar. Tem-se visto soberanos imolarem seus filhos, mas isso sempre ocorreu em um destes dois casos: ou eles tinham o que temer de um filho demasiado ambicioso, ou a salvação de seus estados dependia disso (e não lhes restava nenhum outro meio de assegurá-la). Eu pensaria de bom grado que Deus estaria nesta última posição. Prefiro lastimar um pai constrangido a perder seu filho por uma dura necessidade a admirar um celerado político que sacrifica tudo por sua segurança.

4 | Continuação do mesmo assunto. Deus não é imutável

Após ter dito de um ser que ele é infinito, dizer que ele é imutável não pode dar a entender que ele se mova do seu lugar, porque, sendo infinito, ele ocupa todo o espaço possível, além do qual não existe nenhum espaço. É possível afirmar até mesmo que Deus, sendo infinito, é absolutamente privado de movimento. O movimento, diz Descartes, nada mais é do que a aplicação sucessiva dos corpos uns contra os outros. Entretanto, enchei completamente um vaso com os corpos que vos agradar e vereis a impossibilidade em que estareis de pô-los em movimento, porque a aplicação sucessiva que constitui o movimento exige, para ser feita, intervalos que faltarão em vosso vaso totalmente cheio. Ora, supondo a máquina do universo, a natureza inteira como um vaso infinito, se Deus infinito está contido nele, ele não pode se mover. Se, apesar de sua infinitude, Deus tem algum movimento no mundo, é porque o mundo é mais infinito do que ele. Em qualquer expressão que seja empregada para designar os seres, o continente é maior do que o conteúdo. Mas, dirá alguém, a matéria de modo algum contém Deus. É, portanto, Deus que contém a matéria. Eu aceito isso, mas, então, Deus não é mais infinito, pois falta à sua infinitude o espaço que está ocupado pela matéria. De modo algum – acrescentar-se-ia –, ele está em toda parte. Portanto, concluirei, não podeis mais dizer que ele é infinitamente espiritual, porque em sua infinitude existem algumas partes materiais.

Pela qualidade de imutável que os filósofos teístas conferiram a Deus, não podemos entender outra coisa senão que seu pensamento e sua vontade são permanentes. E é nesse sentido que entendem as Escrituras, quando dizem que seus decretos são irrevogáveis etc. Examinemos se não ocorre com esse atributo o mesmo que com os de infinito e de independente, que lhe foram gratuitamente outorgados.

1º) Deus faz o homem e vê que isso é bom. Mais adiante, ele se arrepende: viu, então, que isso era mau. Ele não é, portanto, imutável, já que julga diversamente sobre o mesmo assunto.

2º) Deus ordena a Ezequiel que coma matéria fecal. O profeta sente uma repugnância invencível por essa iguaria e exprime à Divindade que seu corpo jamais foi conspurcado por semelhante alimento. Então, Deus suspende sua primeira ordem e contenta-se com que Ezequiel passe sobre seu pão excrementos de boi⁸. Dir-se-á ainda que Deus é imutável em seus decretos? Deus não agiu aqui como um homem que primeiramente recorre aos meios violentos e que, na impossibilidade de executá-los, recorre a outros mais suaves?

3ª) Deus viu desde a eternidade o mundo como devendo existir, no entanto ele não o criou de toda eternidade. De onde vem isso? É porque ele não quis. Mas, em uma determinada época, ele criou o mundo. Por quê? Porque então ele quis. Houve, portanto, um tempo em que Deus não quis aquilo que ele quis em um outro tempo: ele não

---

8. O leitor não ficará aborrecido por encontrar aqui esta passagem de Ezequiel, traduzida literalmente do hebraico: "E comerás esse pão como se fosse o pão de cevada cozido sob a cinza e o cobrirás com o excremento que sai do corpo do homem diante dos seus olhos. O Senhor diz essas coisas: assim comerão os filhos de Israel seu pão conspurcado, entre as nações nas quais eu os lançarei. E eu digo: Ah, ah, Senhor Deus, eis que minha alma não foi conspurcada e não comeu cadáveres nem aquilo que foi devorado pelas bestas, desde a minha infância até agora, e nenhuma carne poluída entrou em minha boca. E ele me diz: Eis que eu te dou o excremento dos bois no lugar do excremento dos homens e besuntarás teu pão com ele..." (Ezequiel, 4,12-15). Essa passagem prova não somente que Deus não é imutável, mas também duas coisas que são bem dignas da atenção de um curioso. A primeira é que Ezequiel não faz nenhuma distinção entre o homem e a besta, e que ele os compreende sob a denominação genérica de "besta" quando diz que sua alma nunca comeu cadáveres nem aquilo que foi devorado pelas bestas – o que vem apoiar o ponto de vista daqueles que sustentam que os judeus ignoravam o dogma da imortalidade da alma. A segunda é que Deus se enganou redondamente quando, após ter ordenado a Ezequiel que comesse matéria fecal, acrescentou: "Assim comerão os filhos de Israel o seu pão conspurcado". Nenhuma história dos judeus nos ensina que esse povo tenha comido matéria fecal durante seus diversos cativeiros.

é, pois, imutável – já que antes ele não quis aquilo que ele quis depois.

Encontraríamos um grande número de atitudes semelhantes e que provam todas, de maneira absoluta – contra os judeus e contra os cristãos –, que Deus não é de forma alguma imutável. O argumento que se tira da criação do mundo, contra essa imutabilidade, serve contra todos os teístas em geral. É possível inferir um argumento semelhante do fim do mundo, que deve infalivelmente acontecer, se ele teve um começo. Deus, então, deixará de querer que o mundo exista: de onde resulta ainda que ele não é imutável.

No sistema cristão, as três pessoas da Trindade não são senão um só e único Deus. Um só e único Deus deve ter um só e único pensamento, uma só e única vontade. Está constatado que, pelo pecado de Adão, o Pai, o Filho e o Espírito Santo foram igualmente ofendidos. O que aconteceu, no entanto? Todos os três sentem da mesma forma a ofensa que lhes foi feita, todos os três sabem o meio de repará-la. Como iguais, é indiferente qual deles encarne e morra, mas dois pensam e não querem morrer de modo algum; só o Filho quer ser a vítima. O Filho pensa, portanto, diferentemente do Pai. Ele é, todavia, o mesmo que o Pai: porque, se o Pai (e se diria a mesma coisa do Espírito Santo) tivesse desejado morrer, ele teria morrido. Daquilo que acabo de dizer resulta que Deus não quis morrer durante algum tempo e que, em seguida, o quis – a menos que os cristãos achem preferível convir que houve uma diversidade de vontades entre o Pai e o Filho. Mas a diversidade das vontades prova e estabelece a diversidade das pessoas, de modo que, se Deus, como primeira pessoa, persistisse em não querer perder a vida para redimir os homens, e que, como segunda pessoa, ele tivesse tomado essa resolução, poderíamos concluir daí que realmente o Pai e o Filho são dois seres realmente distintos, o que destrói por completo o sistema cristão.

Terminemos este capítulo com um exemplo que prova por si só que os cristãos não sabem o que dizem quando conferem a seu Deus a imutabilidade como atributo. Deus criou os anjos em determinado número e na determinada época que se queira escolher. Criou-os para o ornamento de sua corte e para serem os ministros de suas vontades supremas. Não os teria amado mais se os tivesse criado mais cedo, e eles, tomados pelo reconhecimento, concederam-lhe um amor que é tal que nenhum mortal poderia ser animado por um amor semelhante. Certo tempo depois, Satã (eu o chamo por esse nome porque ignoro qual ele tinha no Céu), dando aparentemente mais provas de seu amor e de seu zelo que qualquer outro, alcançou as primeiras dignidades no Céu. Ele é um anjo de luz que ninguém apaga. Os favores de Deus talvez não sejam um sinal de reprovação, pelo menos não se poderia acreditar nisso sem supô-lo um político, o que é absurdo. Seja como for, Satã, cumulado das graças de seu criador, mas criatura ingrata, quis apoderar-se do trono supremo. Acredita-se cheio de qualidades brilhantes para ocupar uma posição secundária: é à primeira que ele aspira. Então, o que faz a Divindade? Sem dúvida, vai aniquilá-lo. Não. Deus encarrega o arcanjo Miguel, ligado a seu partido, de expulsar o espírito rebelde, e concede-lhe para isso algumas tropas. Miguel age e precipita Satã e seus cúmplices do Céu no Caos. Aqui se vê claramente dois efeitos diversos de duas maneiras de pensar diferentes na Divindade. Deus ama Satã e, enquanto essa amizade subsiste, ele o cumula de benefícios. Deus odeia esse mesmo anjo, por causa de sua rebelião, e seu ódio é assinalado pela caçada que faz Miguel empreender contra ele, pela maldição que pronuncia contra ele e, por fim, pelo exílio perpétuo ao qual o condena. Ele o odeia, e não somente o priva de todas as suas prerrogativas, como ainda lhe tira todas as características que distinguem o espírito celeste: torna-a feio, hediondo, cornudo, suas mãos se transformam em garras e sua eternidade de delícias é convertida em uma eternidade de horrores. Que contraste! É possível dizer, depois dessa diversidade de conduta, que Deus não mudou de sentimento com relação a Satã?

Podemos afirmar, de modo geral, que é impossível que um ser imutável seja o regente da natureza. A natureza é absolutamente cega, e seus efeitos bons ou maus são o resultado de um conjunto de coisas que ela própria não prevê.

Seria menos contraditório admitir simplesmente um Deus eternamente onipotente e dotado de uma faculdade que seja tal que ele possa remediar cada acidente à medida que ele ocorra. Hoje em dia, estamos convencidos de que alguns efeitos da natureza podem causar as mais horrorosas revoluções em nosso globo. Ora, se Deus fosse imutável, ele não poderia deter esses flagelos quando eles acontecessem, porque teria desejado que acontecessem e, por um outro querer, limitaria seu curso.

Dirão, talvez, que os diversos quereres coexistem juntos no espírito de Deus. Por exemplo, que Deus quis que Paulo, com o nome de Saulo, assolasse seus devotos, enquanto, ao mesmo tempo, queria que esse homem se tornasse um célebre apóstolo de Jesus Cristo. E isso está na ordem da presciência, aos olhos da qual tudo está presente. Mas se Deus tem, em seu espírito, idéias tão diversas sobre um mesmo assunto, pergunto por que ele, sendo onipotente, deixa a idéia do mal ser a primeira a se realizar. Não seria possível, aqui, desculpar a contradição. Enquanto Deus pensa que Paulo (limito-me a esse exemplo) o perseguirá e que, em seguida, o glorificará, ele o ama ou o odeia? Se o odeia, em razão da ordem das idéias, ele não será imutável quando Paulo, deixando de persegui-lo, passar a sofrer, ao contrário, todas as dores possíveis em seu nome. Se o ama enquanto é perseguido, na visão que ele tem de que um dia Paulo se reconciliará com ele, o crime e a virtude são, portanto, igualmente preciosos aos olhos de Deus. E se Paulo morresse odiando a Deus que o ama, ele não seria reprovado. Porque o Deus imutável não poderia odiá-lo sem mudar de sentimento a seu respeito, e sem tornar-se mutável. Ora, Deus não pode reprovar um ser que ele ama.

Aqueles que têm lido todas as obras dos teístas e dos cristãos sobre a existência do Ser Soberano perceberão facilmente que as soluções que ali são apresentadas não respondem de modo algum às nossas objeções. A maior parte desses filósofos esgota-se em proposições, atribui à Divindade tudo aquilo que imagina que pode lhe convir. Mas que me seja apresentada uma única demonstração, em todos os seus escritos relativos ao assunto que trato, e eu me renderei. Não basta dizer: existe um Deus, sua essência é tal, seus atributos são em tal número e de tal qualidade. São provas que peço. Contudo – dirão – o ateísmo não está mais bem comprovado que o teísmo. A não-existência de uma coisa não tem necessidade de provas: é a existência que deve ser demonstrada. Não é útil que me demonstrem que sou homem, mas seriam necessários fortes argumentos para me convencer de que não o sou. Mas isso é um caso diferente: minha existência é sensível para mim, a negação desse fato não o é.

A ciência, o conhecimento universal de Deus e seu governo absoluto serão a matéria do capítulo seguinte.

5 Não seria possível conciliar a ciência de Deus, seu conhecimento e seu governo absolutos com o mal que existe no mundo

Existe o mal no mundo e, no entanto, existe um Deus: pode-se acreditar nisso? Não. É preciso consentir na aniquilação de uma dessas duas coisas para conservar a existência da outra. Vejamos, para nos determinar, se o mal não teria apenas uma existência fictícia e absolutamente dependente de nossa imaginação. Nesse caso, seria bem possível que existisse um Deus. No entanto, uma vez provada a realidade do mal, creio que nossos adversários estarão reduzidos a abandonar seu fantasma de Divindade – ou, ao menos, a reconhecer que ele não é onipotente.

Existe o mal no mundo, e nós temos conhecimento disso. Alguns têm alegado que aquilo que chamamos de mal não tem nenhuma existência, que não é outra coisa além da ausência, da privação ou da negação do bem. Contudo, esse raciocínio é vão, porque é possível dizer a mesma coisa do bem, e até mesmo com mais fundamento. Em geral, existe mais mal no mundo do que bem. Portanto, estamos, no mínimo, igualmente fundamentados para sustentar que o bem não tem nenhuma existência real, que ele é fictício e puramente acidental. Seja como for, quer o mal seja a negação do bem ou o bem a do mal, não é menos verdadeiro dizer que o mal é, que ele existe ou, se preferirem, que existe o mal no mundo.

Distingue-se ainda o mal como físico e como moral. Ambos afetam igualmente nossa espécie. Na ordem civil e política, o mal moral, embora não toque nossos indivíduos, nem por isso deixa de ser um mal real. Na ordem religiosa, ele não toca todo mundo, é verdade, porém aqueles que ele atinge são tanto mais gravemente feridos quanto mais extensa é sua persuasão. Na ordem civil e política, nossas preocupações – que são inumeráveis – são outros tantos males que nos afetam, em razão de nossa maneira de pensar. Se o homem vive sob um governo duro, arrogante e cruel, ele é continuamente agitado pelo temor de desagradar àquele que ele tem – ou, antes, àquele que foi obrigado a ter – como senhor. A esse primeiro cuidado juntam-se, para ele, os procedimentos sempre repugnantes, e quase sempre dolorosos, que ele é obrigado a realizar para assegurar-se do apoio de seus superiores, para conquistar sua amizade ou prevenir seu ódio (e desarmá-lo, se foi bastante infeliz para tê-lo despertado). A esse primeiro cuidado junta-se, para ele, o embaraço de uma conduta penosa e que seja tal que, sem fazê-lo perder as boas graças do príncipe, ainda lhe concilie com isso o amor ou ao menos a benevolência dos povos (as duas coisas mais difíceis de adquirir – e, mais ainda, de conservar – que possamos imaginar).

Pode-se dizer que um indivíduo é feliz quando, aos seus cuidados domésticos, juntam-se os de satisfazer as necessidades e, mais vezes ainda, os caprichos de um senhor que lhe arrebata uma parte de suas colheitas, enquanto o poder supremo leva dele a outra? Dir-se-á que um rico proprietário é feliz quando, sempre preocupado com os meios de aumentar suas posses, ele só pode conseguir isso por meios odiosos e que – ainda assim – os frutos de seus ardis e de suas violências terminam apenas por torná-lo mais infortunado, porque algumas razões políticas o condenam a consumir no serviço do príncipe suas próprias rendas e as somas que ele extorque de seus vassalos? Não são tais homens que podemos dizer que são felizes. Ora, a privação da felicidade é um mal. Reconheço que, em seus princípios, um mal assim é moral. No entanto, quem ignora que os sofrimentos que afligem nosso espírito, quando continuados, afetam nosso corpo? Nossa alma, que alguns dizem ser espiritual, faz com que nosso corpo compartilhe de todos os males que ela sente – aquilo que, provando a paridade das substâncias, nos mostra bem que ela é da mesma natureza que nosso indivíduo.

Cada Estado – e, em um Estado, cada sociedade – tem sua medida de mal moral, que se converte em mal físico com relação ao maior número das pessoas que o compõem. Existe, por exemplo, um mal mais torturante para o homem, na ordem moral, que o da perda absoluta ou, pelo menos, da escravidão de sua liberdade? O homem nascido livre e independente encontra, a partir do momento em que começa a sentir o valor de sua existência, entraves que dominam todos os seus sentidos. Ele pergunta a razão desse atentado contra sua liberdade: não poderíamos dar-lhe a razão disso. A melhor resposta que podemos dar à sua pergunta é que faz parte dos costumes que seja assim. No entanto, sua força aumenta, suas paixões eclodem, elas se fortificam por falta de alimento e, por fim, o dominam. Ele é obrigado a satisfazê-las; porém, como todos os meios são proibidos, como a lei os abastardou, o magistrado considera um crime que ele tenha cedido à força e o pune por isso. É assim que o mal moral se converte quase sempre em mal físico naqueles a quem ele afeta.

Mas como será se considerarmos um homem influenciado pelos erros piedosos de qualquer uma das religiões? É como um cavalo montado por um escudeiro extravagante, que não quer voltar-se para a esquerda senão para dar uma guinada violenta para a direita. Enquanto as paixões do homem e seus preconceitos estiverem na mesma proporção, ele estará em um estado que não tem nome, a não ser o de indiferença. Ele talvez não sofra, mas também não goza. Não estará nem morto nem vivo, no sentido em que entendemos esses termos, mas vegetará. Essa condição só pode durar algum tempo, logo os preconceitos ou as paixões levarão a melhor. É então que, arrastado sucessivamente pela petulância de seu sangue e pelo fervor de sua devoção, sua alma e seu corpo serão alternadamente dilacerados por dores inexprimíveis.

O mais vigoroso dos temperamentos tem seus limites no caminho dos prazeres, e o impulso das paixões é intermitente. Não ocorre o mesmo com o preconceito, cuja ação é permanente sobre aqueles que são afetados por ele. De modo que, para qualquer lado que se volte um homem influenciado pelas opiniões religiosas, a dor estará constantemente vinculada a seus procedimentos. Porque, se ele se entregar às inclinações de seu coração, o preconceito, por ter sido o mais fraco, nem por isso será vencido: sempre lhe restará força suficiente para envenenar todos os prazeres dos quais se pretende desfrutar, ou dos quais se desfruta. E se, ao contrário, os sentidos enervados de um tal homem cederem aos esforços do preconceito, o sacrifício que será para ele o uso dos prazeres, ou apenas a simples idéia desses prazeres que a fraqueza de sua constituição o impede de transformar em atos, é sempre acompanhado de uma sensação muito dolorosa. Talvez ocorra que um tal homem, preocupado com suas idéias religiosas, seja tão vivamente afetado por isso que a dor que ele sofre, ao privar-se dos prazeres reais, seja apagada pelo prazer fantástico que experimenta fazendo sacrifícios aos seus preconceitos. Contudo, sua natureza, que as idéias às quais ele se entrega só conseguem distrair sem satisfazê-la, nem por isso sofre menos – embora imperceptivelmente, aos seus olhos – e nem por isso deixa de receber uma alteração cotidiana, que a conduz enfim à sua total destruição.

Em vão, para se desculparem, os filósofos religiosos alegariam o poder que cada homem tem de adotar ou rejeitar as opiniões que eles têm posto em circulação no mundo. Cabia ao homem escolher, dirão eles. Ele tinha, de um lado, a voz da natureza que o guiava. Nós lhe falamos da Divindade e lhe deixamos a escolha de se determinar a seguir a impressão de uma ou da outra. Após ter pesado maduramente esses dois partidos, ele reconheceu que a natureza não tinha o poder de preencher seus desejos e que apenas o Ser Supremo poderia satisfazê-los.

Sem remontarmos, porém, a esses tempos bárbaros em que os maometanos e os cristãos forçavam o espírito, entregando o corpo à tortura, qual é o turco, qual é o cristão que se decidiu após ter pesado maduramente os diferentes partidos? Podemos dizer, em geral, que qualquer homem que tenha nascido em uma religião, e que a segue a despeito da lei da natureza, está sendo forçado a isso. E quem são os culpados pelo erro no qual o homem incorre, nesse caso, senão os doutores que o ensinaram ou que, tendo influenciado o espírito de seus pais, os corromperam de tal maneira que eles transmitiram o veneno que os infectou aos seus descendentes?

Aqueles que têm algum conhecimento da história não ficarão surpresos ao me ver incluir os preconceitos entre os males que reinam no mundo. Poderíamos até mesmo dar-lhes o primeiro lugar, e se – num primeiro golpe de vista – parece que a introdução dos dogmas religiosos no mundo foi apenas um mal moral, a partir do momento em que dirigirmos para esse objeto uma atenção mais fixa, perceberemos facilmente que ela é a fonte de um mal físico para as diversas sociedades e um mal real para aqueles que estão contidos pelas correntes que impõe qualquer religião a todos aqueles que a adotam com sinceridade. O teatro do mundo pode fornecer uma multiplicidade de provas da existência do mal físico que nele reina. O que pensar de um aborto, de uma criança natimorta? – pergunto eu aos cristãos. Eles não estão de acordo com relação à condição dessas criaturas. Uns querem que elas retornem ao nada do qual saíram, ou seja, que devolvam à massa geral dos seres todas as modificações que tomaram emprestadas dela; outros pretendem que elas vão para um lugar onde não sofrem, é verdade, mas onde estarão eternamente privadas da visão do Ser Supremo, ou seja, estarão em uma perfeita inação, sem dor e sem prazeres, sem tristeza e sem alegria, e o nada – ou seja, a decomposição das partes que constituem os indivíduos – é preferível a esse estado.

No entanto, esses dois pontos de vista contrastam perfeitamente com a opinião dos cristãos, que, de um lado, sustentam que todos os homens estão submetidos ao pecado original e, de outro, que o único remédio para esse pecado é o batismo. Aliás, admitindo-se que os abortos e as crianças natimortas retornem para a massa geral dos seres, de que crime seriam culpados os pais e mães autores do aborto ou da morte de uma criança antes do batismo? De nenhum, sem dúvida, ao menos aos olhos da religião. Do ponto de vista que transporta os abortos e os natimortos para um lugar onde eles não sofrem, resulta claramente que o batismo não é uma necessidade absoluta para evitar o inferno e que o pecado original não teve um efeito tão generalizado quanto se diz – já que os filhos dos pagãos, natimortos ou mortos antes de terem o uso da razão, sem o batismo ou abortados, não são de modo algum vítimas das chamas. Essa conseqüência pareceu tão natural a alguns cristãos que eles não temeram sustentar que os abortos, e, em geral, todos aqueles que morriam privados do batismo, estavam condenados.

Qualquer que seja a sorte dessas criaturas, é possível assegurar que, se a existência é um bem para quem quer que desfrute dela, elas experimentam um mal quando um acidente as priva disso. No entanto, que desprazer um embrião pouco desenvolvido pode ter causado a Deus para incorrer na privação eterna da visão dele ou no aniquilamento, que não se opera e não pode se operar senão com dor ou, o que é bem pior, com a danação eterna? Deus, dirão os filósofos religiosos, não havia de modo algum ordenado a morte dessa criatura. Mas não me dissestes que ele sabia tudo e via tudo? Sim, sem dúvida. Pois então! Sabendo e vendo que essa criança devia perecer sem estar munida do batismo – a única coisa que podia fazê-la gozar da beatitude e, com isso, compensá-la pela perda de sua existência e dos prazeres que estão ligados a ela –, ele devia ter remediado isso e podia tê-lo feito. No entanto, ele não o fez. Ó – dizem nossos adversários – é porque ele assim não quis. Como! Deus não quer o bem de uma criatura? Deus – retomam eles – quer o bem de todos, mas ele admite que o mal lhes aconteça. É impossível: 1º) Que o querer de um Deus não tenha efeito. 2º) Visto que ele tudo governa, não é possível dizer que ele admita que alguma coisa aconteça: essa expressão é imprópria, e é preciso admitir que nada acontece sem a sua ordem. 3º) Pelo conhecimento infinito com que Deus está provido, a partir do momento em que ele percebe o mal, ele deve conhecer seu remédio e, através de sua onipotência, proporcioná-lo. Sua infinita bondade deve levá-lo a agir assim.

Dir-se-á, talvez, que os soberanos da terra permitem algumas vezes o mal, visando um maior benefício que isso possa trazer para os seus Estados. Contudo: 1º) É em deploráveis circunstâncias que um rei sábio permite o mal para que disso resulte o bem. 2º) Se esse rei tivesse outros recursos – digamos melhor, se ele fosse onipotente –, ele o permitiria? Não. Mas como! A Divindade, tal como um rei, será obrigada a ceder às circunstâncias e a perder de um lado para ganhar do outro? Deus seria obrigado, para a salvação de alguns, a negociar com o Diabo? Se ele é um Deus, é um sacrilégio pressupô-lo.

Entretanto – acrescentam – foram os acidentes, as causas segundas que fizeram com que essa criança perecesse, que fizeram com que esse embrião abortasse. Ora, Deus deixa agir as causas segundas. Eu o admito. Mas a introdução da alma seria o efeito de uma causa segunda? Aqui, nossos doutores se calam. Quanto a mim, raciocino do seguinte modo: uma causa segunda produz um embrião, um homem engendra uma criança. Se Deus não animar essa criança por intermédio de uma alma, ela não passará de uma massa impotente para a vida, de um epítome do caos privado de movimento. Entretanto, quando Deus a anima, não apenas ela não é mais um ser possível – cuja vida depende de alguns choques, de alguns movimentos –, mas é um ser animado, que contém em si a vida, que existe, enfim. Nesse caso, Deus soube e viu o ato da causa segunda. Ele reconheceu que ele era bom e é, e não pode ser senão esse reconhecimento que o determinou a dar-lhe a vida pela introdução da alma. Contudo, por intermédio dessa introdução, Deus, soberano autor da vida, apropria-se da produção da causa segunda e comunica-lhe aquilo que lhe faltava e que só poderia ser-lhe proporcionado pela causa primeira. Será possível que Deus deixe à vontade das causas segundas um ser que ele teve prazer em animar, ao qual ele forneceu tudo aquilo que era necessário para existir? Sente-se como esse abandono é absurdo.

Deus, unindo a alma ao corpo produzido por uma causa segunda, deve ter previsto que esse corpo não subsistiria por muito tempo. Então, de duas uma: ou ele deveria remediar os acidentes que poderiam destruí-lo antes que ele pudesse receber o batismo ou ele deveria ter se privado de unir uma alma a esse corpo. Porque essa alma, antes de sua união com o corpo da criança, ou não existia – como sustentam alguns – ou gozava de uma felicidade pura – assim como acreditam outros. E de onde provém que, não tendo ainda cometido nenhum crime, o fato de ela ser unida a um corpo que, vindo a perecer antes de ver a luz, a priva para sempre da visão de seu Deus e talvez a entregue a horríveis tormentos? Deus então faz o mal unicamente pelo prazer de fazê-lo? Porque, deixando que a causa segunda agisse sozinha, uma massa apenas disposta a ser teria sido corrompida, decomposta e como que aniquilada, mas a alma não teria sido vítima do pesar e da dor. Deus sabia que um tal embrião não chegaria a se desenvolver, que ele pereceria sem o batismo; no entanto, juntou a ele uma alma. Portanto, Deus quis – com um querer absoluto e com conhecimento de causa – que essa alma fosse, senão entregue ao Diabo, ao menos a vítima de um sofrimento eterno causado pela privação da visão de Deus, sofrimento tanto mais insuportável para a alma na medida em que ela conhece todo o valor de uma tal visão.

Depois daquilo que acabei de dizer, com que audácia nossos adversários sustentarão que Deus tudo sabe, tudo vê, tudo conhece, tudo governa e que, ao mesmo tempo, é infinitamente bom?

Um ser infinitamente bom, e que possui a onipotência, só deve fazer e permitir aquilo que seja infinitamente bom. Ora, se existisse no mundo um bem infinito, não haveria o mal, nem mesmo a sombra do mal. No entanto, existe o mal no mundo: deixo para quem quiser que tire a justa conseqüência disso.

Quando nossos adversários afirmam que Deus deixa agir as causas segundas, eles estão em contradição consigo próprios. Eles disseram que ele governava tudo, e as causas segundas e as outras fazem parte desse tudo – quem diz "tudo", não excetua nada. Vamos mais longe. Se, como pretendem os teístas, a matéria não tem em si nenhuma força motriz, se ela só tem a habilidade de ser movida e organizada, é Deus, por conseguinte, quem dirige o curso de todos os corpos que estão na natureza. De acordo com o que admitem nossos adversários, é ele quem determina a marcha dos astros e a ação dos elementos. Quando esses astros e esses elementos, perturbados por algum acidente, afligem a terra com flagelos que espalham o horror e a consternação por toda parte em que eles passam, é, pois, Deus quem o ordena? Quando um homem útil à sua família e, muitas vezes, à sua pátria sucumbe diante do ataque de um bando de assassinos, é, portanto, por causa da execução de um decreto saído da boca da Divindade? Quando um cidadão virtuoso é sacrificado à ambição de um tirano, é pela vontade de Deus? Foi Deus quem quis os diversos cativeiros dos judeus, quando eles mais perseveravam no bem, e ao mesmo tempo a queda trágica de seus opressores? Foi Deus quem quis que Portugal fosse o objeto de seus afetos – pela perpetuidade da fé – e ao mesmo tempo de suas vinganças – pelos flagelos com que o tem atingido[9]? Foi Deus quem quis, enfim, que o maior e o melhor dos reis, recentemente convertido à verdadeira religião, fosse esfaqueado por um pérfido? Verdadeiramente não! – exclamam nossos adversários. Deus não quis de modo algum essas coisas. Nós repetimos: ele deixou que agissem as causas segundas. Eu vos entendo: quando, do decorrer das coisas, resulta o bem, é Deus quem rege. Se acontece o mal, porém, foi a natureza quem fez. Mas Deus pode ser ao mesmo tempo infinitamente bom, infinitamente poderoso e abandonar o governo do universo, no momento mesmo em que seus cuidados impediriam um mal que ele não deseja?

É tão verdadeiro que existe o mal no mundo que, sem nenhum preconceito, nós temos disso um conhecimento íntimo. Não existe nenhum selvagem, nenhum bárba-

---

9. Possivelmente uma referência ao violento terremoto que atingiu Lisboa, em 1755, causando uma forte impressão na Europa. (N. de T.)

ro que não fique indignado com a visão de um homem que, sem nenhum interesse, sem nenhum motivo, atenta contra a vida de um de seus semelhantes. Os próprios animais se compadecem das dores que seus filhotes demonstram sentir. E que não se diga que somos os autores do mal que nos aflige! Reconheço que, ao nos organizarmos em sociedade, nós multiplicamos nossas necessidades, aumentamos nossas preocupações e, com isso, aumentamos o mal do qual nosso mundo é suscetível. Contudo, independentemente de nós e dos usos que estabelecemos, existe o mal no mundo, e qualquer homem que tenha um pouco de vivência não me desmentirá. Ora, esse mal não pode ser a obra de nenhum outro ser além do Todo-Poderoso: de outra forma, Deus não é Deus.

A existência de Deus sempre enfrentou a maior contradição por parte do mal que existe no mundo independentemente do homem e de suas ações. Alguns filósofos religiosos tentaram conciliar Deus e o mal que acontece, porém tiveram o cuidado de não insistir, nos mesmos tratados, sobre a infinitude dos atributos e a realidade do mal. A infinita bondade de Deus, sua onipotência e a existência do mal no mundo, obra dessa bondade e dessa potência, formam entre si um contraste tão impressionante, que se tem evitado, tanto quanto é possível, compará-los.

De resto, há muita aparência de que os contrastes que observamos entre os atributos da Divindade e aquilo que resulta das obras dessa Divindade são provenientes do fato de que os primeiros inventores de um Ser Soberano se encontravam despreparados quando lhes foi perguntado o que era essa nova substância que eles haviam descoberto. Então, não sabendo mais sobre isso do que aqueles que faziam essa pergunta, eles responderam ao acaso, adornando o fantasma por eles imaginado com todos os títulos que acreditavam ser os mais apropriados para imprimir respeito e admiração. No primeiro momento de estupefação, acreditou-se em tudo. Depois, porém, tendo-se refletido, percebeu-se que um ser tal como Deus é um ser impossível. E, no entanto, se ele não é tudo aquilo que seus partidários dizem que ele é, ele não é Deus.

Fim da primeira parte

N. B.: São necessárias, para que este tratado possa estar completo, duas outras partes, que serão publicadas se a pessoa que as têm em mãos assim o quiser[10].

---

10. Não existe qualquer referência à publicação de outras partes desta obra. (N. de T.)

Das conspirações contra os povos ou Das proscrições[1]

Voltaire

Conspirações ou proscrições judias

A história está repleta de conspirações contra os tiranos, porém não falaremos aqui senão das conspirações dos tiranos contra os povos. Se remontarmos à nossa mais alta Antigüidade, se ousarmos buscar os primeiros exemplos das proscrições na história dos judeus, se separarmos aquilo que pode pertencer às paixões humanas daquilo que devemos reverenciar nos decretos eternos e se não considerarmos senão o efeito terrível de uma causa divina, encontraremos primeiramente uma proscrição de 23 mil judeus após a idolatria de um bezerro de ouro[2], uma de 24 mil pa-

---

1. Edição original: *Des conspirations contre les peuples, ou Des proscriptions* (1766), em *Oeuvres complètes de Voltaire* (Paris, Hachette, 1893), vol. 26, pp. 315-26.
2. Êxodo, 32,28. (N. da ed. fr.)

ra punir o israelita que havia sido surpreendido nos braços de uma madianita[3] e uma de 42 mil homens da tribo de Efraim, degolados em um vau do Jordão[4]. Era uma verdadeira proscrição, porque os de Galaad, que exerciam a vingança de Jefté contra os efraimistas, queriam conhecer e identificar suas vítimas fazendo com que elas pronunciassem uma após a outra a palavra *shibolet*, na passagem do rio. Aqueles que diziam *sibolet*, de acordo com a pronúncia efraimista, eram reconhecidos e mortos imediatamente. No entanto, é preciso considerar que essa tribo de Efraim, tendo ousado se opor a Jefté – escolhido pelo próprio Deus para ser o chefe de seu povo –, merecia, sem dúvida, um tal castigo.

É por essa razão que não consideramos uma injustiça o completo extermínio dos povos de Canaã. Eles haviam, sem dúvida, atraído para si próprios essa punição por causa de seus crimes. Foi o Deus vingador dos crimes quem os perseguiu; os judeus foram apenas os carrascos.

A de Mitridates

Tais proscrições, ordenadas pela própria Divindade, não devem, sem dúvida, ser imitadas pelos homens. Assim, o gênero

---

3. Números, 25,9. (N. da ed. fr.)
4. Juízes, 12,6. (N. da ed. fr.)

humano não tornou a ver semelhantes massacres até a época de Mitridates. Roma não havia ainda lhe declarado guerra, quando ele ordenou que fossem assassinados todos os romanos que se encontravam na Ásia Menor. Plutarco estima o número das vítimas em 150 mil[5]; Apiano o reduz a 80 mil[6].

É difícil acreditarmos em Plutarco, e Apiano provavelmente exagera. Não é verossímil que tantos cidadãos romanos residissem na Ásia Menor, onde possuíam então pouquíssimos estabelecimentos. Entretanto, mesmo que esse número fosse reduzido pela metade, Mitridates nem por isso deixaria de ser menos abominável. Todos os historiadores reconhecem que o massacre foi geral, e que nem as mulheres nem as crianças foram poupadas.

As de Sila, Marius e Triúnviros

Por volta dessa mesma época, no entanto, Sila e Marius exerceram sobre seus compatriotas o mesmo furor que haviam suportado na Ásia. Marius deu início às proscrições, e Sila superou-o. A razão humana fica confusa quando quer

---

5. Plutarco, *Sila*, XXIV. (N. da ed. fr.)
6. Apiano, que relata massacres executados em virtude das ordens de Mitridates (*Appiani Alexandrini Romanarum historiarum*, Amsterdã, 1670, p. 317), não faz a enumeração das vítimas. Voltaire, provavelmente, foi induzido a erro por Rollin (*Histoire ancienne*, livro XXIII, artigo 1º). (N. de Beuchot.) [Adrien-Jean-Quentin Beuchot (1773–1851), bibliófilo francês, responsável por uma das mais respeitadas edições das obras completas de Voltaire. (N. de T.)

julgar os romanos. Não se concebe que um povo no meio do qual tudo estava em leilão, e do qual uma metade degolava a outra, pôde ser, no mesmo período, o vencedor de todos os reis. Houve uma horrível anarquia desde as proscrições de Sila até a batalha de Actium. E foi então, porém, que Roma conquistou as Gálias, a Espanha, o Egito, a Síria, toda a Ásia Menor e a Grécia.

Como explicaremos esse número prodigioso de declamações que nos restam sobre a decadência de Roma, naqueles tempos sanguinários e ilustres? Tudo está perdido, dizem vinte autores latinos; "Roma cai por suas próprias forças"[7], "o luxo vingou o universo"[8]. Tudo isso não quer dizer outra coisa senão que a liberdade pública não mais existia. Mas o poder subsistia; e estava nas mãos de cinco ou seis generais do exército. E o cidadão romano, que até então havia vencido para si próprio, não combatia mais senão para alguns usurpadores.

A última proscrição foi a de Antônio, Otávio e Lépido; e não foi mais sanguinária que a de Sila.

Por mais horríveis que tenham sido os reinados de Calígula e de Nero, não se vê nenhuma proscrição sob seu império. E também não houve nenhuma durante as guerras de Galba, Oton e Vitélio.

---

7. Horácio, *Epodos*, XVI, 2. (N. da ed. fr.)
8. Juvenal, VI, 292-3. (N. da ed. fr.)

A dos judeus no reinado de Trajano

Só os judeus renovaram esse crime durante o reinado de Trajano. Esse príncipe humano tratava-os com bondade. Havia uma enorme quantidade deles no Egito e na província de Cirene. A metade da ilha de Chipre estava povoada por judeus. Um deles, chamado André, que se apresentava como um messias, um libertador dos judeus, reanimou-lhes o execrável entusiasmo, que parecia adormecido. Persuadiu-os de que seriam agradáveis ao Senhor e retornariam finalmente vitoriosos para Jerusalém se exterminassem todos os infiéis nos lugares onde eles possuíam o maior número de sinagogas. Os judeus, seduzidos por esse homem, massacraram – segundo dizem – mais de 220 mil pessoas na Cirenaica e em Chipre. Dion[9] e Eusébio[10] dizem que, não contentes em matá-los, eles comeram sua carne, fizeram cintos com seus intestinos e esfregaram o rosto com seu sangue. Se isso aconteceu dessa maneira, essa foi, de todas as conspirações contra o gênero humano em nosso continente, a mais desumana e a mais assombrosa. E deve ter sido mesmo, já que a superstição era seu princípio. Eles foram punidos, mas menos do que mereciam, já que ainda subsistem.

---

9. Ou, mais precisamente, Xiphilin, no *Resumo de Dion Cassius*. (N. da ed. fr.)
10. *História da Igreja*, IV, 2. (N. da ed. fr.)

A de Teodósio

Não vejo nenhuma conspiração semelhante na história do mundo até os tempos de Teodósio, que proscreveu os habitantes da Tessalônica, não em um movimento de cólera (como alguns mentirosos mercenários tantas vezes escreveram), mas depois de seis meses das mais maduras reflexões. Ele pôs nesse furor meditado um artifício e uma covardia que o tornassem ainda mais horrível. Os jogos públicos foram anunciados por ordem sua, e os habitantes foram convidados. As corridas começaram. Em meio a esse regozijo, os soldados degolaram de 7 a 8 mil habitantes; alguns autores falam em 15 mil. Essa proscrição foi incomparavelmente mais sanguinária e mais desumana do que a dos triúnviros. Estes haviam incluído apenas seus inimigos em suas listas, porém Teodósio ordenou que todos perecessem, sem distinção. Os triúnviros contentaram-se em taxar as viúvas e os filhos dos proscritos. Teodósio fez com que fossem massacradas as mulheres e as crianças, e isso na mais profunda paz, e quando estava no auge do seu poder. É verdade que ele se penitenciou por esse crime, ficando por algum tempo sem ir à missa.

A da imperatriz Teodora

Uma conspiração muito mais sangrenta ainda do que todas as precedentes foi a de uma imperatriz chamada Teodora, em meados do século IX. Essa mulher supersticiosa e cruel, viúva do cruel Teófilo e tutora do infame Miguel, governou Constantinopla por alguns anos. Ela deu ordem para que fossem mortos todos os maniqueus[11] que viviam em seus Estados. Fleury, em sua *História eclesiástica*[12], admite que tenham perecido "por volta de 100 mil" deles. Salvaram-se 40 mil, que se refugiaram nos Estados do califa e, transformados nos mais implacáveis (como nos mais justos) inimigos do império grego, contribuíram para sua ruína. Nada foi mais semelhante ao nosso São Bartolomeu, no qual se quis destruir os protestantes, e que os tornou furiosos.

A dos cruzados contra os judeus

Esse furor das conspirações contra todo um povo parece ter ficado adormecido até o tempo das cruzadas. Uma horda de cruzados, na primeira expedição de Pedro, o Eremita, tendo realizado seu trajeto pela Alemanha, fez um juramento de degolar todos os judeus que encontrasse em seu caminho. Eles foram a Spire, Vorms, Colônia, Mogúncia e Frankfurt. Abriram o ventre de todos os homens, mulheres e crianças da nação judia que caíram em suas mãos e procuraram em suas entranhas o ouro que se supunha esses infelizes haviam engolido.

---

11. Adeptos da doutrina de Manes, heresiarca persa do século III. De acordo com essa doutrina – que combina o cristianismo com o zoroastrismo –, existem dois princípios cósmicos eternos: o bem e o mal. (N. de T.)
12. Livro XLVIII, 25. (N. da ed. fr.)

Essa ação dos cruzados se parece perfeitamente com a dos judeus de Chipre e de Cirene, e talvez tenha sido ainda mais horrorosa, porque a avareza se juntou ao fanatismo. Os judeus foram tratados, então, como se vangloriam de ter tratado outrora nações inteiras. No entanto, segundo a observação de Suarez, "eles haviam degolado seus vizinhos por uma piedade bem entendida, e os cruzados os massacraram por uma piedade mal entendida". Houve, ao menos, piedade nesses assassinatos, e isso é bastante consolador!

A dos cruzados contra os albigenses

A conspiração contra os albigenses foi da mesma espécie e teve uma atrocidade a mais: é que ela foi contra compatriotas e durou muito mais tempo. Suarez deveria ter considerado essa proscrição como a mais edificante de todas, já que os santos inquisidores condenaram às chamas todos os habitantes de Béziers, Carcassone, Lavaur e cem burgos consideráveis. Quase todos os cidadãos foram, com efeito, queimados, enforcados ou degolados.

As vésperas sicilianas

Se existe alguma nuança entre os grandes crimes, talvez o episódio das vésperas sicilianas seja o menos execrável de todos, embora o seja excessivamente. A opinião mais provável é que esse massacre não foi de modo algum premeditado. É verdade que Juan de Procida, emissário do rei de Aragão, preparava então uma revolução em Nápoles e na Sicília. No entanto, parece que foi um movimento súbito do povo incitado contra os provençais que rebentou de uma só vez e fez correr muito sangue. O rei Carlos d'Anjou, irmão de São Luís, havia se tornado odioso por causa das mortes de Conradino[13] e do duque da Áustria, dois jovens heróis e dois grandes príncipes dignos de sua estima (e que ele mandou condenar à morte como se fossem ladrões). Os provençais, que atormentavam a Sicília, eram detestados. Um deles cometeu violências contra uma mulher no dia seguinte à Páscoa. O povo agrupou-se, incitou-se, tocou o sinal de alarme e gritou: "Morram os tiranos!". Todos os provençais encontrados foram massacrados; os inocentes pereceram com os culpados.

Os templários

Incluo sem dificuldade no rol das conjurações contra uma sociedade inteira o suplício dos templários. Essa barbárie foi tanto mais atroz pelo fato de ter sido cometida com o aparato da justiça. Não era de modo algum um desses furores que a vingança repentina ou a necessidade de se defender parecem justificar: era um projeto refletido de exterminar

---

13. Conrado v, duque da Suábia e da Francônia, enforcado após fracassar em sua tentativa de reconquistar o reino de Nápoles. (N. de T.)

toda uma ordem muito orgulhosa e muito rica. Penso que, nessa ordem, havia jovens dissolutos que mereciam alguma correção, porém nunca acreditarei que um grão-mestre e tantos cavaleiros, entre os quais alguns príncipes, todos veneráveis por sua idade e por seus serviços, fossem culpados das vilanias absurdas e inúteis das quais eram acusados. Jamais acreditarei que uma ordem inteira de religiosos tenha renunciado, na Europa, à religião cristã, pela qual combatia na Ásia e na África, e pela qual vários deles ainda gemiam sob os ferros dos turcos e dos árabes, preferindo morrer nos calabouços a renegar sua religião.

Enfim, creio sem dificuldade em mais de oitenta cavaleiros que, ao morrer, tomaram Deus como testemunha de sua inocência. Não tenhamos nenhuma hesitação em incluir sua proscrição na categoria dos funestos efeitos de um tempo de ignorância e barbárie.

Massacres no Novo Mundo

Nesse recenseamento de tantos horrores, incluamos, sobretudo, os 12 milhões de homens destruídos no vasto continente do Novo Mundo. Essa proscrição é, em comparação com todas as outras, o que seria o incêndio da metade da Terra comparado ao de algumas aldeias.

Jamais este desgraçado globo experimentou uma devastação mais horrível e mais generalizada, e jamais um crime foi mais bem comprovado. Las Casas, bispo de Chiapas, na Nova Espanha, tendo percorrido durante mais de trinta anos as ilhas e a terra firme descobertas (antes que fosse bispo e depois que recebeu essa dignidade), foi testemunha ocular desses trinta anos de destruição e veio finalmente à Espanha, em sua velhice, lançar-se aos pés de Carlos V e do príncipe Felipe, seu filho, para fazê-los escutar suas queixas, que não haviam sido ouvidas até então. Ele apresentou sua petição em nome de todo um hemisfério: ela foi impressa em Valladolid. A causa de mais de cinqüenta nações proscritas, das quais não subsistiam senão frágeis restos, foi solenemente defendida diante do imperador. Las Casas diz que esses povos destruídos eram de uma espécie mansa, frágil e inocente, incapaz de causar danos e de resistir, e cuja maior parte não conhecia as vestimentas e as armas, do mesmo modo como não conhecia nossos animais domésticos. "Percorri", diz ele, "todas as pequenas ilhas Lucaias e não encontrei ali senão 11 habitantes, que restaram de 500 mil."

Ele contabiliza, em seguida, mais de 2 milhões de homens destruídos em Cuba e na Hispaniola[14] e, por fim, mais de 10 milhões no continente. Ele não diz: "Ouvi dizer que foram cometidas essas enormidades incríveis". Ele diz: "Eu as vi; eu vi cinco caciques serem queimados por terem fugido com seus súditos; eu vi essas criaturas inocen-

---
14. Atualmente São Domingos ou Haiti. (N. da ed. fr.)

tes massacradas aos milhares. Enfim, durante o tempo em que lá estive, foram destruídos mais de 12 milhões de homens na América".

Não lhe contestam esse estranho despovoamento, por mais incrível que ele pareça. O doutor Sepúlveda, que advogava contra ele, dedicou-se somente a provar que todos esses índios mereciam a morte, porque eram culpados do pecado *contra natura* e eram antropófagos.

"Tomo Deus por testemunha", responde o digno bispo Las Casas, "que caluniais esses inocentes depois de havê-los degolado. Não, não era de modo algum entre eles que reinava a pederastia e que o horror de comer a carne humana havia se introduzido. É possível que em algumas regiões da América que não conheço, como o Brasil ou algumas ilhas, tenham sido praticadas essas abominações da Europa, mas nem em Cuba, nem na Jamaica, nem na Hispaniola, nem em nenhuma ilha que percorri, nem no Peru, nem no México – onde fica meu bispado –, jamais ouvi falar desses crimes (e fiz sobre isso as investigações mais rigorosas). Vós é que sois mais cruéis que os antropófagos, porque eu vos vi treinarem enormes cães para irem à caça de homens como se vai à caça das bestas ferozes. Eu vos vi dar vossos semelhantes para vossos cães devorarem. Eu escutei espanhóis dizerem a seus camaradas: 'Empresta-me um lombo de índio para o almoço dos meus filas, que amanhã te devolverei um quarto'. Foi, enfim, apenas em vossas casas que vi carne humana exposta em vossas despensas, seja para vossos cães, seja para vós mesmos. Tudo isso", continua ele, "está provado no processo, e juro, pelo grande Deus que me escuta, que nada é mais verdadeiro".

Finalmente Las Casas obteve de Carlos V leis que interromperam a carnificina, considerada legítima até então, desde que fossem os cristãos que massacrassem os infiéis.

Conspiração contra Merindol

A proscrição jurídica dos habitantes de Merindol e Cabrières, no reinado de Francisco I, em 1546, não passa, na verdade, de uma faísca em comparação com esse incêndio universal de metade da América. Pereceram nessa pequena região cerca de 5 a 6 mil pessoas de ambos os sexos e de todas as idades. No entanto, 5 mil cidadãos ultrapassam em proporção, em um cantão tão pequeno, o número de 12 milhões na vasta extensão das ilhas da América, no México e no Peru. Juntai a isso, sobretudo, o fato de que os desastres de nossa pátria nos tocam mais do que aqueles de outro hemisfério.

Essa foi a única proscrição revestida das formas da justiça comum, porque os templários foram condenados por comissários que o papa havia nomeado, e é nisso que o massacre de Merindol apresenta um caráter mais horroroso que os outros. O crime é maior quando é cometido por aqueles que foram instituídos para reprimir os crimes e proteger a inocência.

Um advogado-geral do parlamento de Aix, chamado Guérin, foi o primeiro autor dessa carnificina. "Era", diz o historiador César Nostradamus, "um homem negro tanto de corpo quanto de alma, tão frio orador quanto ardente perseguidor e caluniador desavergonhado." Ele começou por denunciar ao acaso, em 1540, dezenove pessoas como heréticas. Havia, então, uma violenta facção no parlamento de Aix que era chamada de "os incendiários". O presidente d'Oppède estava à frente dessa facção. Os dezenove acusados foram condenados à morte sem serem ouvidos e, nesse número, encontravam-se quatro mulheres e cinco crianças, que fugiram para algumas cavernas.

Existia então, para a vergonha da nação, um inquisidor da fé na Provença. Chamava-se frei João de Roma. Esse infeliz, acompanhado por seus asseclas, ia muitas vezes a Merindol e às aldeias dos arredores. Ele entrava inesperadamente, durante a noite, nas casas onde sabia que existia um pouco de dinheiro, declarava o pai, a mãe e os filhos heréticos, torturava-os, tomava o dinheiro e violava as moças. Vós encontrareis uma parte dos crimes desse celerado na famosa defesa de Aubry, e notareis que foi punido apenas com a prisão.

Foi esse inquisidor que, não tendo podido entrar nas casas dos dezenove acusados, havia feito com que fossem denunciados ao parlamento pelo advogado-geral Guérin – embora ele pretendesse ser o único juiz do crime de heresia. Guérin e ele sustentavam que dezoito aldeias estavam infectadas por essa peste. Os dezenove cidadãos evadidos deveriam, segundo eles, fazer com que todo o cantão se revoltasse. O presidente d'Oppède, enganado por uma informação fraudulenta de Guérin, solicitou tropas ao rei para apoiar a busca e a punição dos dezenove pretensos culpados. Francisco I, enganado por sua vez, concedeu finalmente as tropas. O vice-legado de Avignon juntou a elas alguns soldados. Por fim, em 1544, tendo à frente d'Oppède e Guérin, eles puseram fogo em todas as aldeias: todo mundo foi morto, e Aubry relata em sua defesa que vários soldados saciaram sua brutalidade sobre as mulheres e as moças agonizantes que ainda palpitavam. É dessa forma que se servia à religião.

Qualquer um que tenha lido a história sabe muito bem que se fez justiça, que o parlamento de Paris mandou enforcar o advogado-geral e que o presidente d'Oppède escapou do suplício que merecia. Essa grande causa foi defendida durante cinqüenta audiências. Temos ainda os discursos; eles são curiosos. D'Oppède e Guérin alegaram, como justificativa, todas as passagens das Escrituras onde é dito:

> Ferirás os habitantes com a espada e destruirás tudo, até os animais;[15]

---
15. Deuteronômio, 13,24.

> Matarás o velho, o homem, a mulher e a criança de colo;[16]
>
> Matarás o homem, a mulher, a criança desmamada, a criança que ainda mama, o boi, a ovelha, o camelo e o asno.[17]

Alegaram também as ordens e os exemplos dados pela Igreja contra os hereges. Esses exemplos e essas ordens não impediram que Guérin fosse enforcado. É a única proscrição dessa espécie que foi punida pelas leis, depois de ter sido feita ao abrigo dessas mesmas leis.

Conspiração de São Bartolomeu

Houve apenas 28 anos de intervalo entre os massacres de Merindol e o episódio do São Bartolomeu[18]. Esse episódio ainda arrepia os cabelos de todos os franceses, com exceção de um abade[19] que ousou imprimir, em 1758, uma espécie de apologia desse acontecimento execrável. Foi assim que alguns espíritos bizarros tiveram o capricho de fazer a apologia do diabo. "Esse foi apenas", diz ele, "um caso de proscrição."

---

16. Josué, 6,21.
17. 1 Reis, 15,3. [Voltaire comete um engano nessa citação, já que a passagem correspondente se encontra em 1 Samuel, 15,3.]
18. Massacre de protestantes franceses que ocorreu na noite de 23 para 24 de agosto de 1572. (N. de T.)
19. Caveirac. (N. da ed. fr.)

Eis aí uma estranha desculpa! Parece que um caso de proscrição é coisa usual, como se diz "um caso de tribunal", "um caso de lucro", "um caso de cálculo" ou "um caso de igreja".

É preciso que o espírito humano seja muito suscetível a todos os defeitos para que se possa encontrar, ao cabo de quase duzentos anos, um homem que, de sangue-frio, tente justificar aquilo que a Europa inteira abomina. O arcebispo Péréfixe sustenta que 100 mil franceses pereceram nessa conspiração religiosa. O duque de Sully não conta senão 70 mil. O senhor abade abusa do martirológio dos calvinistas, que não pôde contabilizar todos para afirmar que houve apenas 15 mil vítimas. Ah, senhor abade! Seria pouca coisa 15 mil pessoas degoladas em pleno tempo de paz por seus concidadãos?

O número de mortos acrescenta muito, sem dúvida, à calamidade de uma nação, mas não modifica em nada a atrocidade do crime. Vós pretendeis, homem caridoso, que a religião não teve nenhuma participação nesse pequeno movimento popular. Esquecei-vos do quadro que o papa Gregório XIII mandou colocar no Vaticano, e ao pé do qual estava escrito: *Pontifex Colignii necem probat*[20]? Esqueci-

---

20. Trata-se de um afresco realizado pelo pintor italiano Giorgio Vasari. A legenda diz: "O papa aprova o assassinato de Coligny", referindo-se ao almirante Coligny, chefe dos protestantes franceses e uma das primeiras vítimas do massacre de São Bartolomeu. (N. de T.)

vos de sua procissão solene da igreja de São Pedro à igreja de São Luiz, do *Te Deum*[21] que mandou recitar e das medalhas que mandou cunhar para perpetuar a memória da feliz carnificina de São Bartolomeu? Vós talvez não tenhais visto essas medalhas. Eu as vi nas mãos do abade de Rothelin. O papa Gregório ali está representado de um lado, e, do outro, está um anjo que segura uma cruz na mão esquerda e uma espada na direita. Eis aí o bastante, não digo para vos convencer, mas para vos confundir?

Conspiração da Irlanda

A conjuração dos irlandeses católicos contra os protestantes, no reinado de Carlos I, em 1641, é uma fiel imitação da noite de São Bartolomeu. Alguns historiadores ingleses contemporâneos, tais como o chanceler Clarendon e o cavaleiro John Temple, asseguram que 150 mil homens foram massacrados. O parlamento da Inglaterra, em sua declaração de 25 de julho de 1643, menciona 80 mil. No entanto, o senhor Brooke, que parece muito instruído, proclama – em um livrinho que tenho nas mãos – que se trata de uma injustiça. Diz que se queixam equivocadamente, e parece provar muito bem que não foram senão 40 mil os cidadãos imolados à religião, incluindo-se aí as mulheres e as crianças.

---

21. Cerimônia de louvor e ação de graças da Igreja católica. (N. de T.)

Conspiração nos vales do Piemonte

Omito aqui um grande número de proscrições particulares. Os pequenos desastres não são levados em conta nas calamidades generalizadas. Contudo, não devo deixar passar em silêncio a proscrição dos habitantes dos vales do Piemonte, em 1655.

É uma coisa bastante notável na história que esses homens, quase desconhecidos do resto do mundo, tenham perseverado constantemente, desde tempos imemoriais, em alguns usos que se modificaram em todas as outras partes. Acontece com esses usos o mesmo que com a língua: uma infinidade de termos antigos são conservados nos cantões remotos, enquanto as capitais e as grandes cidades variam em sua linguagem de século para século.

Eis por que o antigo românico que era falado no tempo de Carlos Magno subsiste ainda no dialeto da região de Vaud, que conservou o nome de *país românico*. Encontram-se alguns vestígios dessa língua em todos os vales dos Alpes e dos Pirineus. Os povos vizinhos de Turim, que habitavam as cavernas valdenses, mantiveram as vestimentas, a língua e quase todos os ritos do tempo de Carlos Magno.

Sabe-se muito bem que, nos séculos VIII e IX, a parte setentrional do Ocidente não conhecia o culto das imagens, e uma boa razão para isso é que não existiam ali nem pintores nem escultores: nada ainda estava decidido acerca de algumas questões delicadas que a ignorância não permitia aprofundar. Quando esses pontos de controvérsia foram resolvidos e regulamentados alhures, os habitantes dos vales o ignoraram. E, sendo eles próprios ignorados pelos outros homens, eles permaneceram em sua antiga crença. Finalmente, porém, foram postos no rol dos heréticos e perseguidos como tais.

Já no ano de 1487, o papa Inocêncio VIII enviou ao Piemonte um legado chamado Albertus de Capitoneis, arcediago de Cremona, a fim de pregar uma cruzada contra eles. O teor da bula do papa é singular. Ele recomenda aos inquisidores, a todos os eclesiásticos e a todos os monges, "que peguem unanimemente em armas contra os valdenses, que os esmaguem como víboras, e que os exterminem santamente". *In haereticos armis insurgant, eosque, velut aspides venenosas, conculcent, et ad tam sanctam exterminationem adhibeant omnes conatus.*

A mesma bula outorgava a todos os fiéis o direito de "apoderar-se de todos os móveis e imóveis dos heréticos sem processo formal". *Bona quaecumque mobilia et immobilia quibuscumque licite occupandi* etc.

E, pela mesma autoridade, ela declara que todos os magistrados que não derem seu apoio serão privados de suas dignidades: *Seculares honoribus, titulis, feudis, privilegiis privandi.*

Os valdenses, tendo sido fortemente perseguidos em virtude dessa bula, acreditaram ser mártires. Desse modo, seu número aumentou de maneira prodigiosa. Finalmente, a bula de Inocêncio VIII foi posta em execução de forma efetiva em 1655. O marquês de Pianesse entrou em 15 de abril nesses vales com dois regimentos, tendo à frente alguns capuchinhos. Marcharam de caverna em caverna e massacraram todos aqueles que foram encontrados. As mulheres eram enforcadas nuas nas árvores e banhadas com o sangue de seus filhos. Enchiam-lhes o útero com pólvora, no qual punham fogo.

É preciso incluir, sem dúvida, nesse triste catálogo, os massacres das Cévennes e do Vivarais, que duraram cerca de dez anos no começo deste século. Houve, com efeito, uma mistura contínua de proscrições e guerras civis. Os combates, os assassinatos e as mãos dos carrascos fizeram com que perecessem perto de 100 mil de nossos compatriotas, dos quais 10 mil expiraram na roda, pela corda ou nas chamas – se acreditarmos em todos os historiadores contemporâneos das duas facções.

Será a história das serpentes e dos tigres que acabo de fazer? Não, é a dos homens. Os tigres e as serpentes nunca tratariam assim sua própria espécie. Foi, no entanto, no século de Cícero, Pólio, Ático, Vário, Tibulo, Virgílio e Horácio que Augusto fez suas proscrições. Os filósofos De Thou e Montaigne e o chanceler de L'Hospital viviam no tempo da noite de São Bartolomeu. E os massacres das Cévennes são do século mais florescente da monarquia francesa. Nunca os espíritos foram mais cultivados, os talentos em maior número e a cortesia mais generalizada. Que contraste, que caos e que horríveis inconseqüências compõem este mundo infeliz! Fala-se das pestes, dos tremores de terra, dos grandes incêndios e dos dilúvios que desolaram o globo. Felizes – dizem – aqueles que não viveram no tempo dessas convulsões! Diríamos antes: felizes aqueles que não viram os crimes a que me refiro! Como houve bárbaros para ordená-los e tantos outros bárbaros para executá-los? Como existem ainda inquisidores e pessoas em intimidade com a Inquisição?

Um homem moderado, humano, nascido com um temperamento afável, não concebe que tenham existido entre os homens bestas ferozes tão sequiosas de carnificina, do mesmo modo como não concebe as metamorfoses de rolinhas em abutres. No entanto, ele compreende menos ainda que esses monstros tenham encontrado, no momento preciso, uma multidão de executores. Se oficiais e soldados correm para o combate a um comando de seus líderes, isso está na ordem na natureza. Mas que, sem nenhum exame, eles assassinem a sangue frio um povo sem defesa, é o que não se ousaria imaginar nem mesmo das fúrias do inferno. Esse quadro enoja de tal modo aqueles que se compenetram daquilo que lêem que, por menos que se tenha tendência para a tristeza, deplora-se o fato de ter nascido, fica-se indignado por ser homem.

A única coisa que pode servir de consolo é que tais abominações foram cometidas só raramente: eis aqui apenas cerca de vinte exemplos principais no espaço de quase 4 mil anos. Sei que as guerras contínuas que têm desolado a Terra são flagelos ainda mais destrutivos por causa de seu número e de sua duração. Mas, enfim, como já disse, sendo o risco na guerra igual para os dois lados, esse quadro revolta bem menos que o das proscrições, que foram todas perpetradas com covardia, já que foram feitas sem perigo, e Sila e Augusto não passavam, no fundo, de assassinos que espreitavam os passantes num recanto de bosque – e que tiravam proveito dos despojos.

A guerra parece ser o estado natural do homem. Todas as sociedades conhecidas estiveram em guerra, exceto os brâmanes e os primitivos – que chamamos de *quakers* – e alguns outros pequenos povos. Entretanto, é preciso reconhecer que pouquíssimas sociedades se tornaram culpadas desses assassinatos públicos chamados de *proscrições*. Não houve nenhum exemplo disso na alta Antigüidade, com a exceção dos judeus. O único rei do Oriente que se entregou a esse crime foi Mitridates e, desde Augusto, não houve nenhuma proscrição em nosso hemisfério – a não ser entre os cristãos, que ocupam uma ínfima parte do globo. Se essa raiva tivesse se apoderado muitas vezes do gênero humano, não existiriam mais homens sobre a terra, e ela seria habitada apenas pelos animais – que são incontestavelmente muito menos perversos que nós. Cabe à filosofia, que está fazendo hoje tantos progressos, abrandar os costumes dos homens. Cabe ao nosso século reparar os crimes dos séculos passados. É certo que, quando o espírito de tolerância tiver sido estabelecido, não será mais possível dizer:

> *Aetas parentum pejor avis tulit*
> *Nos ne quiores, mox daturos*
> *Progeniem vitiosiorem.*[22]
> (Horácio, livro III, ode VI, versos 46-48)

Dirão, de preferência, mas em versos melhores do que estes:

> Nossos avós foram monstros execráveis,
> Nossos pais foram perversos;
> Vê-se, hoje em dia, seus filhos,
> Sendo mais esclarecidos, tornarem-se mais afáveis.[23]

No entanto, para ousarmos dizer que somos melhores que nossos antepassados, seria preciso que, achando-nos nas mesmas circunstâncias que eles, nós nos abstivéssemos com horror das crueldades das quais eles foram culpados;

---

22. "Nossos pais eram piores que seus avós/ Nós somos mais perversos que nossos pais/ e nossa posteridade será ainda mais depravada." (N. de T.)
23. Esses versos são de Voltaire. (N. da ed. fr.)

e não está demonstrado que seríamos mais humanos em semelhante caso. A filosofia nem sempre penetra entre os grandes, que ordenam, e menos ainda entre as hordas dos pequenos, que executam. Ela é o quinhão apenas dos homens situados na mediania, igualmente afastados da ambição que oprime e da vil ferocidade que está a seu serviço.

É verdade que não existem mais, em nossos dias, perseguições generalizadas; porém algumas vezes vemos cruéis atrocidades. A sociedade, a cortesia e a razão inspiram costumes afáveis. No entanto, alguns homens acreditaram que a barbárie era um de seus deveres. Eles foram vistos abusando de seus miseráveis cargos, tão freqüentemente humilhados, a ponto de brincarem com a vida de seus semelhantes, colorindo sua desumanidade com o nome de justiça. Foram sanguinários sem necessidade, o que não faz parte nem mesmo do temperamento dos animais carniceiros. Todo o rigor que não é necessário é um ultraje ao gênero humano. Os canibais se vingam, mas não fazem expirar em horríveis suplícios um compatriota que foi apenas imprudente[24].

Que essas reflexões possam satisfazer as almas sensíveis e abrandar as outras!

---

24. Clara alusão à morte do jovem cavaleiro de La Barre, condenado e executado, em 1766, sob a acusação de ter desrespeitado uma procissão religiosa. (N. de T.)

Profissão de fé dos teístas[1]

Voltaire
Pelo conde DA... ao R. D. P.[2]

Ó vós, que soubestes levar ao trono a filosofia e a tolerância, que espezinhastes com vossos pés os preconceitos, que ensinastes as artes da paz, assim como as da guerra!, juntai vossa voz à nossa, e que a verdade possa triunfar como vossas armas.

Somos mais de 1 milhão de homens na Europa que podemos ser chamados de teístas. Ousamos atestar com isso o deus único que servimos. Se fosse possível reunir todos aqueles que, sem exame, se deixam arrastar pelos diversos dogmas das seitas em que nasceram, se eles sondassem seu próprio coração, se escutassem sua simples razão, a Terra estaria coberta com nossos semelhantes.

---

1. Traduzido originalmente do alemão (1768). Edição original: *Profession de foi des théistes*, em *Oeuvres complètes de Voltaire* (Paris, Hachette, 1894), vol. 27, pp. 342-57.
2. As iniciais R. D. P. indicam Frederico II, rei da Prússia, amigo e protetor de Voltaire. (N. de T.)

Apenas um velhaco ou um homem absolutamente estranho ao mundo ousaria nos desmentir, quando dizemos que temos irmãos à frente de todos os exércitos, com assentos em todos os tribunais, doutores em todas as Igrejas, espalhados por todas as profissões, revestidos, enfim, do poder supremo.

Nossa religião é, sem dúvida, divina, já que foi gravada em nossos corações pelo próprio Deus, por esse mestre da razão universal, que disse ao chinês, ao indiano, ao tártaro e a nós: "Adorai-me e sede justos".

Nossa religião é tão antiga quanto o mundo, visto que os primeiros homens não podiam ter outra, quer esses primeiros homens tenham se chamado Adimo e Procriti em uma parte da Índia e Brama na outra, ou Prometeu e Pandora entre os gregos, ou Osíris e Ísis entre os egípcios, quer tenham tido na Fenícia nomes que os gregos traduziram por Éon, quer, enfim, se queiram admitir os nomes de Adão e de Eva, dados a essas primeiras criaturas na seqüência dos tempos pelo pequeno povo judeu. Todas as nações estão de acordo em um ponto: que elas reconheceram antigamente um único Deus, ao qual prestaram um culto simples e sem misturas, que não pôde ser infectado inicialmente por dogmas supersticiosos.

Nossa religião – ó grande homem! – é, portanto, a única que é universal, assim como a mais antiga e a única divina. Nações extraviadas no labirinto de mil diferentes seitas, o teísmo é a base de vossos edifícios fantásticos. É sobre a nossa verdade que haveis fundado vossos absurdos. Filhos ingratos, somos vossos pais, e todos vós nos reconheceis como vossos pais quando pronunciais o nome de Deus.

Nós adoramos desde o começo das coisas a Divindade única, eterna, recompensadora da virtude e vingadora do crime. Até aí, todos os homens estão de acordo, todos repetem depois de nós esta profissão de fé.

O centro onde todos os homens se reúnem em todos os tempos e em todos os lugares é, portanto, a verdade, e os afastamentos desse centro são, portanto, a mentira.

Que Deus é o pai de todos os homens

Se Deus fez os homens, todos lhe são igualmente caros, assim como todos são iguais diante dele. É, portanto, absurdo e ímpio dizer que o pai comum selecionou um pequeno número de seus filhos para exterminar os outros em seu nome.

Ora, os autores dos livros judeus têm levado seu extravagante furor a ponto de ousarem dizer que, em tempos muito recentes com relação aos séculos anteriores, o Deus do universo escolheu um pequeno povo bárbaro, escravo entre os egípcios, não para fazê-lo reinar sobre o fértil Egito, não para que obtivesse as terras de seus injustos senhores, mas para que fosse a 250 milhas de Mênfis degolar, exterminar pequenos povos vizinhos de Tiro, dos quais ele não podia entender a língua, que não tinham nada em comum com ele e sobre os quais ele tinha tanto direito quanto sobre a Alemanha. Eles escreveram esse horror; portanto, escreveram livros absurdos e ímpios.

Nesses livros repletos, a cada página, de fábulas contraditórias, nesses livros escritos mais de setecentos anos depois da data que lhes é atribuída, nesses livros mais desprezíveis que os contos árabes e persas, é relatado que o Deus do universo desceu em um arbusto para dizer a um pastor de oitenta anos:

> Tirai vossas sandálias... que cada mulher de vossa horda peça à sua vizinha, a sua hospedeira, vasos de ouro e de prata, roupas, e vós roubareis os egípcios.[3]
> E eu vos tomarei como meu povo, e eu serei vosso Deus.[4]
> E eu endurecerei o coração do faraó, do *rei*.[5]
> Se observardes meu pacto, sereis meu povo particular acima de todos os outros povos.[6]

Josué fala assim expressamente à horda hebraica:

> Se vos parece ruim servir a Adonai, a opção vos é dada. Escolhei hoje aquilo que vos agrada; vede a quem de-

---
3. Êxodo 3,5.22.
4. Êxodo 6,7.
5. Êxodo 7,3.
6. Êxodo 19,5.

veis servir, ou aos deuses que vossos pais adoraram na Mesopotâmia ou, então, aos deuses dos amorreus, entre quem habitais.[7]

É bem evidente por essas passagens – e por todas aquelas que as precedem – que os hebreus reconheciam vários deuses, que cada povo tinha o seu, que cada deus era um deus local, um deus particular.

Chega a ser dito em Ezequiel, em Amós e no discurso de Santo Estêvão, que os hebreus não adoraram o deus Adonai no deserto, e sim Refã e Kiun[8].

O mesmo Josué continua e lhes diz: "Adonai é forte e ciumento".

Não está comprovado, portanto, por todos esses testemunhos, que os hebreus reconheceram em seu Adonai uma espécie de rei visível para os chefes do povo, invisível para o povo, ciumento dos reis vizinhos e algumas vezes vencedor, outras vencido?

Que seja observada, sobretudo, esta passagem de Juízes: "Adonai marchou com Judá e tornou-se senhor das montanhas. Mas não pôde exterminar os habitantes dos vales, porque eles abundavam em carros armados de foices"[9].

---

7. Josué 24,15.
8. O discurso de Santo Estêvão está nos Atos dos Apóstolos, 7,43; trata-se aí de Refã. De Moloc, fala-se apenas em Amós, 5,26, e em Jeremias, 32,35. Não se encontra nada em Ezequiel; não é, de resto, senão uma falha de copista. Voltaire, em seu *O pirronismo da história*, cap. XV, cita Jeremias. (N. de Beuchot.)
9. Juízes, 1,19.

Não insistiremos aqui sobre o prodigioso ridículo de dizer que perto de Jerusalém os povos possuíam, como na Babilônia, carros de guerra, numa terra miserável onde existiam apenas asnos. Limitamo-nos a demonstrar que o deus dos judeus era um deus local, que podia alguma coisa sobre as montanhas e nada sobre os vales – idéia tirada da antiga mitologia, que admitia deuses para as florestas, os montes, os vales e os rios.

E, se nos fazem a objeção de que, no primeiro capítulo do Gênesis, Deus fez o céu e a terra, responderemos que esse capítulo não passa de uma imitação da antiga cosmogonia dos fenícios, muito anteriores ao estabelecimento dos judeus na Síria. E que esse mesmo primeiro capítulo foi visto pelos judeus como uma obra perigosa, que só era permitido ler aos 25 anos. É necessário, sobretudo, observar bem que a aventura de Adão e Eva não é evocada em nenhum dos livros hebraicos e que o nome de Eva só se encontra no livro de Tobias, que é considerado apócrifo por todas as comunhões protestantes e pelos sábios católicos.

Se quiséssemos ainda uma prova mais forte de que o deus judeu não passava de um deus local, ei-la aqui: um bandoleiro chamado Jefté, que está à frente dos judeus, diz aos delegados amonitas: "Aquilo que possui Camos, vosso deus, não vos pertence de direito? Deixai-nos, portanto, possuir aquilo que Adonai, nosso deus, obteve por suas vitórias"[10].

---

10. Juízes, 11,24.

Eis claramente dois deuses reconhecidos, dois deuses inimigos um do outro: é em vão que o mui ingênuo Calmet[11] quer, de acordo com comentadores de má-fé, elidir uma verdade tão clara. Disso resulta, então, que o pequeno povo judeu, assim como outras grandes nações, possuía seus deuses particulares. É assim que Marte combateu pelos troianos, e Minerva pelos gregos; é assim que, entre nós, são Dionísio é o protetor da França e São Jorge o foi da Inglaterra. É assim que, em toda parte, se tem desonrado a Divindade.

Das superstições

Que a Terra inteira se erga contra nós, se ousar. Nós a invocamos como testemunha da pureza de nossa santa religião. Algum dia manchamos nosso culto com alguma das superstições que as nações censuram umas às outras? Vemos os persas, mais desculpáveis que seus vizinhos, venerarem no sol a imagem imperfeita da Divindade que anima a natureza. Os sabeístas[12] adoram as estrelas; os fenícios fazem sacrifícios aos ventos; Grécia e Roma estão inundadas de deuses e fábulas; os sírios adoram um peixe. Os judeus, no deserto, se prosternam diante de uma serpente de bronze.

---

11. Dom Augustin Calmet (1672–1757), célebre exegeta beneditino, autor de um monumental comentário da Bíblia. (N. de T.)
12. Seita mística cristã, cujos adeptos se dedicavam à adoração dos astros. (N. de T.)

Eles adoraram realmente um cofre que chamamos de "arca", imitando com isso diversas nações que conduziam seus bonequinhos sagrados em cofres. Dão testemunho disso os egípcios e os sírios; dão testemunho disso o cofre do qual se fala no *Asno de Ouro* de Apuleio[13] e o cofre ou a arca de Tróia, que foi tomado pelos gregos e coube, na partilha, a Eurípedes[14].

Os judeus alegavam que a vara de Aarão e um alqueire de maná eram conservados em seu cofre sagrado. Dois bois o carregavam em uma carroça. O povo caía diante dele, com a face de encontro à terra, e não ousava encará-lo. Adonai fez, um dia, com que morressem de morte súbita 50.070 judeus por terem lançado o olhar sobre seu cofre, e contentou-se em dar hemorróidas aos filisteus que haviam tomado seu cofre. Também enviou ratos aos seus campos[15], até que esses filisteus lhe oferecessem cinco estatuetas de ratos de ouro e cinco estatuetas de olhos do cu de ouro, ao lhe devolverem o cofre. Ó terra! Ó nações! Ó santa verdade! Será possível que o espírito humano tenha sido tão embrutecido a ponto de imaginar superstições tão infames e fábulas tão ridículas?

Esses mesmos judeus, que alegavam ter horror às figuras por ordem de seu próprio Deus, conservavam, no entan-

---
13. Apuleio, livros IX e XI.
14. Pausânias, livro VII.
15. 1 Reis ou 1 Samuel, 5-6.

to, em seu santuário, em seu santo dos santos, dois querubins que tinham rosto de homem e focinho de boi com asas.

Com relação às suas cerimônias, existe alguma coisa que seja mais asquerosa, mais revoltante e, ao mesmo tempo, mais pueril? Será agradável ao Ser dos seres que se queimem tripas e pés de animais sobre uma pedra[16]? O que pode resultar disso, a não ser um fedor insuportável? Será divino torcer o pescoço de um pássaro, quebrar-lhe uma asa, molhar um dedo em seu sangue e com ele aspergir sete vezes a assembléia[17]?

Onde está o mérito de pôr sangue no polegar do pé direito, na ponta da orelha direita e no polegar da mão direita[18]?

O que não é tão pueril, no entanto, é aquilo que se conta em uma antiqüíssima vida de Moisés (escrita em hebraico e traduzida para o latim). Eis a origem da querela entre Aarão e Coré:

Uma pobre viúva possuía apenas uma ovelha. Ela a tosquiou pela primeira vez. Logo Aarão chegou e levou a lã, dizendo: "As primícias da lã pertencem a Deus". A viúva, em pranto, foi implorar a proteção de Coré, que, não podendo obter de Aarão a restituição da lã, pagou o preço dela à viúva. Algum tempo depois, a ovelha pariu um cordeiro. Aarão não deixou de se apoderar dele. "Está escrito", disse

---

16. Levítico, 1,7.
17. Levítico, 4-5.
18. Levítico, 8,23.

ele, "que todo primogênito pertence a Deus." A boa mulher foi queixar-se a Coré, mas Coré não pôde lhe obter justiça. A viúva, indignada, matou a ovelha. Aarão voltou imediatamente, tomou o ventre, o quarto dianteiro e a cabeça, de acordo com a ordem de Deus. A viúva, em desespero, amaldiçoou a ovelha. No mesmo instante, Aarão voltou e carregou todo o animal: "Tudo aquilo que está amaldiçoado", diz ele, "pertence ao pontífice"[19]. Eis aí, em poucas palavras, a história de muitos sacerdotes: estamos nos referindo aos sacerdotes da Antigüidade, porque, quanto aos de hoje em dia, reconhecemos que existem alguns sábios e caridosos, pelos quais temos muita estima.

Não insistamos acerca das superstições odiosas de tantas outras nações. Todas foram infectadas por elas, com exceção dos letrados chineses, que são os mais antigos teístas da Terra. Vejam esses infelizes egípcios, que suas pirâmides, seus labirintos, seus palácios e seus templos tornaram tão célebres; era ao pé desses monumentos quase eternos que eles adoravam gatos e crocodilos. Se hoje existe uma religião que tenha superado esses excessos monstruosos, é o que deixamos ao exame de todo homem racional.

Pôr-se no lugar de Deus, que criou o homem, criar Deus por sua vez, fazer esse Deus com farinha e algumas

---
19. Página 165. [Esta nota se refere, com certeza, à obra *De vita et morte Mosis*, escrito hebraico anônimo editado e traduzido para o latim por Gilbert Gaulmin, em 1629. Sabe-se que Voltaire adquiriu um exemplar desse livro em 1765. Cf. René Pomeau, *La religion de Voltaire*, p. 368 (N. de T.)]

palavras, dividir esse Deus em mil deuses, aniquilar a farinha com a qual foram feitos esses mil deuses que não passam de um Deus em carne e osso; criar seu sangue com vinho, embora o sangue já esteja, segundo se alega, no corpo de Deus, aniquilar esse vinho, comer esse Deus e beber seu sangue, eis o que vemos em alguns países onde, no entanto, as artes são mais bem cultivadas que entre os egípcios.

Se nos contassem semelhante excesso de bobagens e de alienação de espírito da horda mais estúpida dos hotentotes e dos cafres, diríamos que estavam querendo nos impressionar e remeteríamos tal relato ao país das fábulas. É, no entanto, o que ocorre diariamente, diante de nossos olhos, nas cidades mais civilizadas da Europa, diante dos olhos dos príncipes que o suportam e dos sábios que se calam. O que fazemos nós com relação a esses sacrilégios? Rogamos ao Ser eterno por aqueles que os cometem. Se, no entanto, nossas preces podem alguma coisa junto à sua imensidão e entram no plano de sua providência.

Dos sacrifícios de sangue humano

Algum dia fomos culpados da louca e horrível superstição da magia que levou tantos povos a apresentar aos pretensos deuses do ar e aos pretensos deuses infernais os membros sangrentos de tantos rapazes e de tantas moças como preciosas oferendas a esses monstros imaginários? Mesmo ainda hoje, os habitantes das margens do Ganges, do Indo e das costas de Coromandel consideram o cúmulo da santidade seguir com pompa as jovens ricas e belas que vão se cremar nas piras funerárias de seus maridos, na esperança de se reunir a eles em uma outra vida. Há três mil anos que perdura essa assustadora superstição, diante da qual o silêncio ridículo de nossos anacoretas, a tediosa salmodia, as caras amarradas, os cilícios e as pequenas macerações não podem nem mesmo ser considerados penitências. Os brâmanes, tendo substituído – após alguns séculos de um teísmo puro e sem mácula – pela superstição a simples adoração do Ser supremo, corromperam seus caminhos e encorajaram, por fim, esses sacrifícios. Tanto horror não penetrou na China, cujo sábio governo está livre – há quase 5 mil anos – de todas as demências supersticiosas. Mas ele se espalha pelo resto de nosso hemisfério. Não existe nenhum povo que não tenha imolado homens a Deus e nenhum povo que não tenha sido seduzido pela ilusão pavorosa da magia. Fenícios, sírios, citas, persas, egípcios, africanos, gregos, romanos, celtas e germanos, todos quiseram ser mágicos e todos foram religiosamente homicidas.

Os judeus sempre foram entusiastas de sortilégios. Tiravam a sorte, encantavam serpentes, prediziam o futuro através dos sonhos e tinham videntes que faziam com que fossem encontradas as coisas perdidas. Eles expulsaram os diabos e curaram os possuídos com a raiz de *barath*, pronunciando a palavra *Jaho*, quando conheceram a doutrina dos diabos, na Caldéia. As pitonisas evocaram sombras, e até mesmo o autor do Êxodo, quem quer que seja ele, está tão persuadido da existência da magia que representa os feiticeiros contratados pelo faraó operando os mesmos prodígios que Moisés. Eles transformaram seus cajados em serpentes como Moisés, transformaram as águas em sangue como ele, cobriram, como ele, a terra de rãs etc. Foram vencidos apenas no artigo dos piolhos – sobre o que se disse muito bem que *os judeus sabiam mais acerca desse assunto que os outros povos.*

Esse furor pela magia, comum a todas as nações, dispôs os homens a uma cruatividade religiosa e infernal com a qual eles certamente não nasceram, visto que em mil crianças não encontrais uma única que goste de derramar o sangue humano.

Não podemos fazer nada melhor que transcrever aqui uma passagem do autor[20] da *Filosofia da história*[21], embora ele não seja da mesma opinião que nós em tudo.

> Se lêssemos a história dos judeus escrita por um autor de uma outra nação, teríamos dificuldade em acreditar que tivesse existido, com efeito, um povo fugitivo do Egito, que tivesse vindo, por ordem expressa de Deus, imolar

---

20. Trata-se do próprio Voltaire. (N. de T.)
21. Ou Introdução ao *Ensaio sobre os costumes e o espírito das nações*, pp. 30ss.

sete ou oito pequenas nações que ele não conhecia, degolar sem misericórdia todas as mulheres, os velhos e as crianças de colo, e não poupar senão as garotinhas. Que esse povo santo tivesse sido punido por seu Deus quando ele mesmo havia sido criminoso bastante para poupar um único homem amaldiçoado. Nós não acreditaríamos que um povo tão abominável pudesse ter existido na face da terra. Contudo, como essa própria nação nos relata todos esses fatos em seus livros sagrados, é preciso que acreditemos nela.

Não estou tratando aqui da questão de esses livros terem sido inspirados. Nossa santa Igreja, que tem horror aos judeus, ensina que os livros judeus foram ditados pelo Deus criador e pai de todos os homens. Não posso alimentar nenhuma dúvida sobre isso, nem mesmo me permitir o menor raciocínio.

É verdade que nosso fraco entendimento não pode conceber em Deus uma outra sabedoria, uma outra justiça e uma outra bondade que não sejam aquelas de que temos idéia. Mas, enfim, ele fez aquilo que quis: não cabe a nós julgá-lo; eu me atenho sempre aos simples fatos históricos.

Os judeus possuem uma lei pela qual lhes é expressamente ordenado não poupar nenhuma coisa, nenhum homem consagrado ao Senhor. "Não se poderá resgatá-lo, é necessário que morra", diz a lei do Levítico, capítulo 27[22]. É em virtude dessa lei que vemos Jefté imolar sua própria filha e o pastor Samuel cortar em pedaços o rei Agag[23]. O Pentateuco[24] nos diz que, no pequeno país de Madiã, que tem cerca de nove léguas quadradas, tendo os israelitas encontrado 675 mil ovelhas, 72 mil bois, 61 mil asnos e 32 mil moças virgens, Moisés ordenou que fossem massacrados todos os homens, todas as mulheres e todas as crianças, mas que fossem preservadas as moças, das quais apenas 32 foram imoladas. Aquilo que existe de notável nesse sacrifício é que esse mesmo Moisés era genro do sumo-sacerdote dos madianitas, Jetro, que havia lhe prestado os mais relevantes serviços e cumulado de benefícios.

O mesmo livro nos diz que Josué[25], filho de Nun, tendo atravessado com sua horda as margens do Jordão sem molhar os pés e tendo feito cair, ao som das trombetas, as muralhas da amaldiçoada Jericó, fez com que todos os habitantes perecessem nas chamas e preservou apenas Raab, a meretriz, e sua família, que havia ocultado os espiões do povo sagrado. O mesmo Josué destinou à morte 12 mil habitantes da cidade de Hai e imolou ao Senhor[26] 31 reis da região, todos amaldiçoados, que fo-

---

22. Versículo 29. (N. da ed. fr.)
23. 1 Samuel 15,33.
24. Está em Números, 31, 32-40. (N. da ed. fr.)
25. Josué, 6. (N. da ed. fr.)
26. Josué, 7,5. (N. da ed. fr.)

ram enforcados. Não temos nada comparável a esses assassinatos religiosos em nossos últimos tempos, a não ser, talvez, os da noite de São Bartolomeu e os massacres da Irlanda.

O que é triste é que diversas pessoas duvidem que os judeus tenham encontrado 675 mil ovelhas e 32 mil moças virgens na aldeia de um deserto em meio aos rochedos, e que ninguém duvide da noite de São Bartolomeu. Mas não deixemos de repetir quão impotentes são as luzes de nossa razão para nos esclarecer sobre os estranhos acontecimentos da Antigüidade, e sobre as razões que Deus, o senhor da vida e da morte, poderia ter ao escolher o povo judeu para exterminar o povo cananeu.

Nossos cristãos, é preciso reconhecer, imitaram bastante esses anátemas bárbaros tão recomendados entre os judeus: é desse fanatismo que saíram as cruzadas, que despovoaram a Europa para ir imolar na Síria árabes e turcos a Jesus Cristo. Foi esse fanatismo que produziu as cruzadas contra nossos irmãos inocentes chamados de "heréticos"; foi esse fanatismo sempre manchado de sangue que produziu a infernal jornada de São Bartolomeu (e observem que foi nesse tempo horroroso do São Bartolomeu que os homens estavam mais entregues à magia). Um padre chamado Séchelle, queimado por ter juntado aos sortilégios os envenenamentos e os assassinatos, confessou, em seu interrogatório, que o número daqueles que se acreditavam mágicos passava dos 18 mil. Tanto a demência da magia é companheira do furor religioso quanto certas moléstias epidêmicas conduzem a outras, e a fome produz muitas vezes a peste.

Agora, que se abram todos os anais do mundo, que se interroguem todos os homens e não se encontrará um único teísta culpado desses crimes. Não, nunca houve um único deles que tenha pretendido saber o futuro em nome do diabo, nem que tenha sido assassino em nome de Deus.

Dir-nos-ão que os ateus estão nas mesmas condições, que jamais foram feiticeiros ridículos nem fanáticos bárbaros. Ai de mim! O que se deve concluir a partir disso? Que os ateus, por mais audaciosos e transviados que sejam, por mais imersos que estejam em um erro monstruoso, são ainda melhores que os judeus, os pagãos e os cristãos fanáticos.

Nós condenamos o ateísmo, detestamos a superstição bárbara, amamos Deus e o gênero humano: eis os nossos dogmas.

Das perseguições cristãs

Tanto se tem comprovado que a seita dos cristãos é a única que quis forçar os homens – com o ferro e o fogo nas mãos – a pensar como ela, que não vale mais a pena repeti-lo. Enfim, fazem-nos a objeção de que os maometanos imitaram os cristãos. Isso não é verdade. Maomé e seus árabes só cometeram violências contra os habitantes de Meca, que os haviam perseguido. Eles impuseram aos estrangeiros vencidos apenas um tributo anual de doze dracmas por cabeça, tributo do qual era possível se livrar abraçando a religião muçulmana.

Quando esses árabes conquistaram a Espanha e a província narbonesa, eles deixaram que elas mantivessem sua religião e suas leis. Ainda deixam que vivam em paz todos os cristãos de seu vasto império. Vós sabeis, grande príncipe, que o sultão dos turcos nomeia ele próprio o patriarca dos cristãos gregos e diversos bispos. Vós sabeis que esses cristãos conduzem livremente seu Deus em procissão pelas ruas de Constantinopla, enquanto, entre os cristãos, existem vastas regiões onde se condena à forca ou à roda todo pastor calvinista que pregue, e às galés qualquer um que os escute. Ó, nações!, comparai e julgai.

Apenas rogamos aos leitores atentos que releiam este trecho de um excelente[27] livrinho, publicado há pouco tempo, intitulado *Conselhos razoáveis etc*[28].

> Falais sempre de mártires. Oh!, cavalheiro, não percebeis como essa miserável prova se ergue contra nós? Insensatos e cruéis que somos, que bárbaros fizeram mais mártires

---

27. Vê-se bem que este epíteto foi posto apenas para melhor ocultar que as duas obras eram do autor. (N. da ed. Kehl.)
28. *Conseils raisonnables à M. Bergier, pour la défense du christianisme, par une Société de bacheliers en théologie* (1768). (N. de T.)

que nossos bárbaros ancestrais? Ah!, cavalheiro, não haveis portanto viajado? Não vistes, em Constança, a praça onde Jerônimo de Praga disse a um dos carrascos do concílio, que queria acender a fogueira por trás: "Acenda pela frente: se eu tivesse medo das chamas, não teria vindo"? Não fostes a Londres, onde, entre tantas vítimas que mandou queimar a infame Maria[29], filha do tirano Henrique VIII, uma mulher deu à luz ao pé da fogueira e ali se atirou a criança, junto com a mãe, por ordem de um bispo?

Já passastes pela Place de Grève, em Paris, onde o conselheiro-clérigo Anne Dubourg, sobrinho do chanceler, entoou cânticos antes de seu suplício? Sabeis que ele foi exortado a essa heróica constância por uma moça de qualidade, chamada senhora de Lacaille, que foi queimada alguns dias depois dele? Ela estava acorrentada, em um calabouço vizinho ao dele, e só recebia a luz através de uma pequena grade aberta no alto, na parede que separava esses dois calabouços. Essa mulher escutava o conselheiro pleitear por sua vida contra seus juízes por meio das formalidades das leis. "Deixai para lá essas indignas formalidades", gritou-lhe ela, "temeis morrer por vosso Deus?"

---

29. Mary Tudor (1516–1558), rainha da Inglaterra de 1553 até sua morte. Ao assumir o trono, casou-se com o rei Felipe II da Espanha e restaurou o catolicismo, perseguindo os protestantes com uma violência que lhe valeu o apelido de "Bloody Mary" (Maria Sanguinária). (N. de T.)

Eis aquilo que um indigno historiador, tal como o jesuíta Daniel, não se preocupou em relatar, e aquilo que D'Aubigné e os contemporâneos nos atestam.

Seria necessário mostrar-vos aqui a multidão daqueles que foram executados em Lyon, na Place des Terreaux, desde 1546? Seria preciso fazer-vos ver a senhorita de Cagnon seguindo, em uma carroça, cinco outras carroças carregadas de desafortunados condenados às chamas porque tiveram a infelicidade de não acreditar que um homem pudesse transformar o pão em Deus? Essa moça, infelizmente persuadida de que a religião reformada era a verdadeira, sempre espalhou sua generosidade por entre os pobres de Lyon. Eles rodeavam, chorando, a carroça onde ela era levada a ferros. "Ai de nós", gritavam-lhe, "não receberemos mais vossas esmolas." "Pois bem!", disse ela, "vós ainda as recebereis." E atirou-lhes as chinelas de veludo que os carrascos haviam lhe deixado.

Vistes a Place de l'Estrapade, em Paris? Ela foi coberta, no reinado de Francisco I, de corpos reduzidos a cinzas. Sabeis como eram mortos? Eram suspensos no alto de longas vergas, que eram erguidas e lançadas alternadamente contra uma grande fogueira, a fim de fazer-lhes sentir por muito mais tempo todos os horrores da morte mais dolorosa. Esses corpos só eram atirados aos carvões ardentes quando já estavam quase inteiramente assados, e os membros retorcidos, a pele sangrenta e consumida, os olhos queimados e os rostos desfigurados não lhes davam mais a aparência de figura humana.

O jesuíta Daniel supõe, confiando em um infame escritor daquele tempo, que Francisco I teria dito publicamente que ele trataria desse modo o delfim, seu filho, se ele partilhasse das opiniões dos reformados. Ninguém acreditará que um rei, que não era tido como um Nero, tenha alguma vez pronunciado tão abomináveis palavras. A verdade, porém, é que enquanto em Paris ocorriam esses sacrifícios de selvagens, que ultrapassam tudo aquilo que a Inquisição fez de mais horrível, Francisco I divertia-se com seus cortesãos e deitava-se com sua amante. Essas não são, cavalheiro, as histórias de santa Potamiana, de santa Úrsula e das 11 mil virgens: é um relato fiel daquilo que a história tem de menos incerto.

O número dos mártires reformados, sejam valdenses, albigenses ou evangélicos, é incontável. Um deles, chamado Pierre Bergier, foi queimado em Lyon em 1552, com René Poyet, parente do chanceler Poyet. Atiraram na mesma fogueira Jean Chambron, Louis Dimonet, Louis de Marsac, Étienne de Gravot e cinco jovens estudantes. Eu vos faria tremer se vos fizesse ver a lista de mártires que os protestantes conservaram.

Pierre Bergier cantava um salmo de Marot[30] enquanto se dirigia ao suplício. Dizei-nos de boa-fé se canta-

---

30. Clément Marot (1496?–1544), um dos maiores nomes da poesia francesa no século XVI, responsável por uma importante tradução dos salmos bíblicos. (N. de T.)

ríeis um salmo latino em semelhante caso? Dizei-nos se o suplício da forca, da roda ou do fogo são uma prova da religião? São uma prova, sem dúvida, da barbárie humana; são uma prova de que, de um lado, existem carrascos e, de outro, persuadidos.

Não, se quiserdes tornar a religião cristã apreciável, nunca faleis de mártires. Temos feito cem vezes, mil vezes mais deles do que todos os pagãos. Não queremos repetir aqui o que tanto se tem dito dos massacres dos albigenses, dos habitantes de Merindol, da noite de São Bartolomeu, de 60 ou 80 mil irlandeses protestantes degolados, espancados até a morte, enforcados e queimados pelos católicos; desses milhões de índios mortos como coelhos nos campos, por ordem de alguns monges. Estremecemos, gememos; porém, é preciso dizer: falar de mártires aos cristãos é o mesmo que falar de cadafalsos e de rodas aos carrascos e aos beleguins.

Depois de tantas verdades, perguntamos ao mundo inteiro se algum dia um teísta quis forçar um homem de uma outra religião a abraçar o teísmo, por mais divino que ele seja. Ah!, é porque é divino que nunca violentou ninguém. Algum teísta algum dia matou? – o que estou dizendo? Algum teísta algum dia feriu um único de seus insensatos adversários? Uma vez mais, comparai e julgai.

Pensamos, por fim, que seria necessário imitar o sábio governo chinês, que há mais de cinqüenta séculos oferece a

Deus algumas homenagens puras e, adorando-o em espírito e em verdade, deixa a vil populaça espojar-se na lama dos estábulos dos bonzos. Ele tolera esses bonzos e reprime-os. Contêm-nos tão bem que eles não puderam incitar a mínima perturbação nem sob a dominação chinesa nem sob a tártara. Compramos nessa terra antiga a porcelana, a laca, o chá, os biombos, as estatuetas, as cômodas, o ruibarbo e o ouro em pó: devíamos ir lá comprar a sabedoria!

Dos costumes

Os costumes dos teístas são necessariamente puros, visto que têm sempre o Deus da justiça e da pureza diante dos olhos, o Deus que não desce à terra para ordenar que se roube os egípcios ou que Oséias tome uma concubina à custa de dinheiro e que se deite com uma mulher adúltera[31].

Também não somos vistos vendendo nossas mulheres como Abraão. Não nos embriagamos como Noé, e nossos filhos não insultam o membro respeitável que os fez nascer. Nossas filhas não se deitam com seus pais, como as filhas de Ló e a filha do papa Alexandre VI[32]. Não violamos nossas irmãs, como Amnon violou sua irmã Tamar[33]. Não temos entre nós sacerdotes que nos facilitem o caminho do crime

---

31. Oséias, 1. (N. da ed. fr.)
32. Lucrécia Bórgia. (N. de T.)
33. Essa história é narrada em 2 Samuel, 13. (N. de T.)

ousando nos absolver, por parte de Deus, de todas as iniqüidades que sua lei eterna condena. Quanto mais desprezamos as superstições que nos rodeiam, mais nos impomos a doce necessidade de sermos justos e humanos. Encaramos todos os homens com olhos fraternais; socorremo-los indistintamente. Estendemos mãos indulgentes aos supersticiosos que nos ultrajam.

Se algum dentre nós se afasta de nossa lei divina, se ele é injusto e pérfido para com seus amigos e ingrato para com seus benfeitores, se o seu orgulho inconstante e feroz causa tristeza a seus irmãos, declaramo-lo indigno do santo nome de *teísta*, rejeitamo-lo de nossa sociedade, mas sem querer-lhe mal, e sempre prontos a fazer-lhe o bem, persuadidos de que é necessário perdoar e de que é belo fazer isso com os ingratos.

Se algum de nossos irmãos quisesse ocasionar a menor perturbação no governo, ele não seria mais nosso irmão. Certamente não foram os teístas que incitaram outrora as revoltas de Nápoles, que participaram recentemente da conspiração de Madri, que incitaram as guerras da Fronda e dos Guise na França, a dos Trinta Anos na nossa Alemanha etc. etc. etc. Somos fiéis aos nossos príncipes e pagamos todos os impostos sem resmungar. Os reis devem nos olhar como os melhores cidadãos e os melhores súditos. Separados do povo vil que só obedece à força, e que nunca raciocina, mais separados ainda dos teólogos, que raciocinam tão mal, nós somos os sustentáculos dos tronos, que as disputas eclesiásticas têm abalado há tantos séculos.

Úteis ao Estado, não somos de modo algum perigosos para a Igreja. Nós imitamos Jesus, que ia ao templo.

Da doutrina dos teístas

Adoradores de um Deus amigo dos homens, compassivos mesmo para com as superstições que reprovamos, respeitamos qualquer sociedade, não insultamos nenhuma seita, jamais falamos com zombaria e desprezo de Jesus, que chamam de "Cristo". Ao contrário, nós o vemos como um homem distinto entre os homens por seu zelo, sua virtude e seu amor pela igualdade fraternal. Nós o lastimamos como um reformador talvez um tanto imprudente, que foi vítima de perseguidores fanáticos.

Nós o reverenciamos como um teísta israelita, assim como louvamos Sócrates, que foi um teísta ateniense. Sócrates adorava um Deus, e chamava-o pelo nome de "pai", como diz seu evangelista Platão. Jesus sempre chamou Deus pelo nome de "pai", e a fórmula da prece que ele ensinou começa com estas palavras, tão comuns em Platão: "Pai nosso". Nem Sócrates nem Jesus jamais escreveram nada. Nenhum dos dois instituiu uma nova religião. Certamente, se Jesus tivesse desejado criar uma religião, ele a teria escrito. Se está dito que Jesus enviou seus discípulos para serem batizados, é porque ele se acomodou ao costume. O batismo era de uma altíssima antigüidade entre os judeus. Era uma cerimônia sagrada, tomada de empréstimo dos egípcios e dos indianos, assim como quase todos os ritos judaicos. Eram batizados todos os novos prosélitos entre os hebreus. Os homens recebiam o batismo após a circuncisão. As mulheres prosélitas eram batizadas. Essa cerimônia só podia ser realizada na presença de pelo menos três anciãos, sem o que a regeneração era nula. Aqueles que, entre os israelitas, aspiravam a uma mais alta perfeição, faziam-se batizar no Jordão. O próprio Jesus fez-se batizar por João, embora nenhum de seus apóstolos jamais tenha sido batizado.

Se Jesus enviou seus discípulos para expulsar os diabos, havia já muito tempo que os judeus acreditavam curar os possuídos e expulsar os diabos. O próprio Jesus confessa isso no livro que leva o nome de Mateus[34]. Ele reconhece que as próprias crianças expulsavam os diabos.

Jesus, na verdade, respeitava todas as instituições judaicas. No entanto, por todas as suas invectivas contra os sacerdotes de seu tempo e pelas injúrias atrozes que dizia aos fariseus – e que atraíram para ele seu suplício –, parece que ele fazia tão pouco caso das superstições judaicas quanto Sócrates das superstições atenienses.

---

34. Mateus, 12,27. (N. da ed. fr.)

Jesus nada instituiu que tivesse a menor relação com os dogmas cristãos. Ele jamais pronunciou a palavra "cristão". Alguns de seus discípulos só adotaram essa denominação mais de trinta anos depois de sua morte.

A idéia de ousar fazer de um judeu o criador do céu e da terra certamente jamais passou pela cabeça de Jesus. Se levarmos em conta os Evangelhos, ele estava mais distante dessa estranha pretensão do que a terra está do céu. Ele diz expressamente, antes de ser supliciado: "Eu vou para o meu pai, que é vosso pai, para o meu Deus, que é vosso Deus"[35].

Jamais Paulo, por mais ardoroso entusiasta que fosse, falou de Jesus senão como de um homem escolhido pelo próprio Deus para reconduzir os homens à justiça.

Nem Jesus nem nenhum de seus apóstolos disse que ele teria duas naturezas e uma pessoa com duas vontades, que sua mãe seria a mãe de Deus, que seu espírito seria a terceira pessoa de Deus e que esse espírito procederia do Pai e do Filho. Se um único desses dogmas pode ser encontrado nos quatro Evangelhos, que ele nos seja mostrado. Se tirarmos de Jesus tudo aquilo que é estranho a ele, tudo aquilo que lhe foi atribuído em diversas épocas, no meio das disputas mais escandalosas e dos concílios que se anatematizaram uns aos outros com tanto furor, o que resta dele? Um adorador de Deus que pregou a virtude, um inimigo dos fariseus, um

---
35. João 20,17. (N. da ed. fr.)

justo, um teísta. Ousamos dizer que somos os únicos que seguimos sua religião, que abarca todo o universo em todos os tempos e que, por conseguinte, é a única verdadeira.

Que todas as religiões devem respeitar o teísmo

Depois de ter julgado através da razão entre a santa e eterna religião do teísmo e as outras religiões (tão novas, tão inconstantes, tão variáveis em seus dogmas contraditórios e tão entregues às superstições), que se julgue através da história e através dos fatos. Ver-se-ão, apenas no cristianismo, mais de duzentas seitas diferentes, todas exclamando: "Mortais, comprai em minha loja. Eu sou a única que vende a verdade, as outras oferecem apenas a impostura".

Desde Constantino – como bem se sabe – existe uma guerra perpétua entre os cristãos, ora limitada aos sofismas, às velhacarias, às cabalas e ao ódio, ora marcada pelas carnificinas.

O cristianismo, tal como é – e tal como não deveria ser –, foi fundado sobre as mais vergonhosas fraudes, sobre cinqüenta evangelhos apócrifos, sobre as constituições apostólicas reconhecidas como falsificações, sobre falsas cartas de Jesus, Pilatos, Tibério, Sêneca e Paulo, sobre as ridículas recognições de Clemente, sobre o impostor que adotou o nome de Hermas, sobre o impostor Abdias, o impostor

Marcelo, o impostor Hegésipo, sobre a falsificação de miseráveis versos atribuídos às sibilas. E, após essa multidão de mentiras, vêm uma multidão de intermináveis disputas.

O maometismo, mais racional na aparência e menos impuro, anunciado por um único pretenso profeta que ensina um único Deus e consignado em um único livro autêntico, divide-se, no entanto, em duas seitas[36], que se combatem com o ferro, e em mais de uma dúzia, que se injuriam com a pena.

A antiga religião dos brâmanes vem suportando há muito tempo um grande cisma: uns são partidários de *Shastabhad*, outros são partidários de *Othorabhad*. Uns acreditam na queda dos animais celestes, no lugar dos quais Deus formou o homem, fábula esta que passou em seguida para a Síria e mesmo para os judeus do tempo de Herodes. Os outros ensinam uma cosmogonia contrária.

O judaísmo, o sabeísmo e a religião de Zoroastro arrastam-se na poeira. O culto de Tiro e de Cartago caiu com essas poderosas cidades. A religião de Milcíades e de Péricles, a de Paulo Emílio e de Catão não mais existem. A de Odin foi aniquilada; os mistérios e os monstros do Egito desapareceram. A própria língua de Osíris, transformada na dos Ptolomeu, é ignorada por seus descendentes. Só o teísmo permanece de pé em meio a tantas vicissitudes e ao

---

36. As seitas de Omar e Ali. (N. da ed. fr.)

estrondo de tantas ruínas, imutável como o Deus que é seu autor e seu eterno objeto.

Bênçãos sobre a tolerância

Bendito sejais para sempre, sire. Vós haveis estabelecido em vossa casa a liberdade de consciência. Deus e os homens vos têm recompensado por isso. Vossos povos se multiplicam, vossas riquezas aumentam, vossos Estados prosperam, vossos vizinhos vos imitam. Essa grande parte do mundo torna-se mais feliz.

Possam todos os governos tomar como modelo esta admirável lei da Pensilvânia, ditada pelo pacífico Penn e assinada pelo rei da Inglaterra, Carlos II, em 8 de março de 1681!

> A liberdade de consciência sendo um direito que todos os homens receberam da natureza junto com a existência, fica firmemente estabelecido que ninguém jamais será forçado a assistir a nenhum exercício público de religião. Ao contrário, é dado pleno poder a qualquer um de fazer livremente o exercício público ou privado de sua religião, sem que se possa perturbá-lo em nada, desde que ele declare publicamente crer em um Deus eterno, onipotente, formador e conservador do universo.[37]

---

37. Vemos que, na deplorável condição humana, até a mais absoluta liberdade tem suas restrições. (N. de T.)

Por intermédio dessa lei, o teísmo foi consagrado como o centro para onde todas as linhas convergirão, como o único princípio necessário. E o que aconteceu? A colônia para a qual essa lei foi feita era composta, então, apenas por quinhentas cabeças. Ela tem, atualmente, 300 mil. Nossos suábios, nossos salzburgueses, nossos palatinos, diversos outros colonos de nossa baixa Alemanha, suecos e holsteinenses acorreram em massa para a Filadélfia. Ela tornou-se uma das mais belas e mais felizes cidades da terra, e a metrópole de dez cidades consideráveis. Mais de vinte religiões são autorizadas nessa florescente província, sob a proteção do teísmo, seu pai, que não desvia os olhos de seus filhos, por mais opostos que sejam entre si, desde que se reconheçam como irmãos. Tudo ali está em paz, tudo ali vive em uma feliz simplicidade, ao passo que a avareza, a ambição e a hipocrisia ainda oprimem as consciências em tantas províncias da nossa Europa: tanto é verdade que o teísmo é doce e que a superstição é bárbara.

Que todas as religiões dão testemunho do teísmo

Todas as religiões prestam, contra a sua vontade, homenagem ao teísmo, mesmo quando o perseguem. Elas são águas poluídas divididas em canais nos terrenos lodacentos, mas a fonte é pura. O muçulmano diz: "Eu não sou judeu nem cristão. Remonto a Abraão: ele não era idólatra, adorava um único Deus". Interrogai Abraão: ele vos dirá que era da religião de Noé, que adorava um único Deus. Que Noé fale, e ele confessará que era da religião de Seth, e Seth não poderá dizer outra coisa, a não ser que ele era da religião de Adão, que adorava um único Deus.

O judeu e o cristão são forçados, como já vimos, a remontar à mesma origem. É forçoso que reconheçam que, de acordo com seus próprios livros, o teísmo reinou sobre a terra até o dilúvio, durante 1656 anos segundo a *Vulgata*[38], durante 2262 anos segundo os *Setenta*[39] e durante 2309 anos segundo os *samaritanos*. E que assim, para nos atermos ao número mais baixo, o teísmo foi a única religião divina durante 2513 anos, até a época em que os judeus dizem que Deus lhes deu uma lei particular em um deserto.

Por fim, se o cálculo do padre Pétau[40] fosse verdadeiro, se – de acordo com esse estranho filósofo que, como dizem, fez tantas crianças a golpes de pena – existissem seiscentos e vinte e três bilhões e seiscentos milhões de homens sobre a terra, descendentes de um único filho de Noé, se os dois outros irmãos tivessem produzido, cada um, a mes-

---

38. Versão latina da Bíblia. (N. de T.)
39. Setenta (ou Septuaginta) é o nome dado à tradução grega do Velho Testamento, realizada no Egito por um grupo de 72 eruditos judeus, por encomenda do rei Ptolomeu Filadelfo (século III a.C.). (N. de T.)
40. Denis Pétau (1583–1652), importante teólogo francês, autor de inúmeras obras sobre teologia, história e filosofia. (N. de T.)

ma quantidade e se, por conseguinte, a terra fosse povoada por mais de um trilhão e novecentos bilhões de fiéis no ano 285 depois do dilúvio (e isso por volta dos tempos do nascimento de Abraão, segundo Pétau) e se os homens, naquele tempo, não tivessem corrompido seus caminhos, segue-se evidentemente que existiriam então cerca de um trilhão e novecentos bilhões de teístas a mais do que existem hoje homens sobre a terra.

Advertência a todas as religiões

Por que, pois, vós vos ergueis hoje em dia com tanta obstinação contra o teísmo, religiões nascidas de seu seio? Vós, que não tendes de respeitável senão a marca dos traços do teísmo, desfiguradas por vossas superstições e por vossas fábulas. Vós, filhas parricidas, que quereis destruir o vosso pai, qual é a causa de vossos contínuos furores? Temeis que os teístas vos tratem como haveis tratado o paganismo, que vos tirem vossos templos, vossas rendas e vossas honras? Estai tranqüilos, vossos temores são quiméricos: os teístas não têm nenhum fanatismo, portanto não podem fazer mal, não constituem uma corporação, não têm objetivos ambiciosos. Espalhados pela superfície da terra, eles jamais a perturbaram. O antro mais infecto dos monges mais imbecis pode cem vezes mais sobre a populaça do que todos os teístas do mundo. Eles não se reúnem, não pregam, nunca fazem cabalas. Longe de querer as rendas dos templos, eles desejam que as igrejas, as mesquitas e os pagodes de tantas aldeias tenham todos uma subsistência honesta. Desejam que os párocos, os mulás, os brâmanes, os talapões[41], os bonzos e os lamas do campo estejam mais à vontade para cuidar mais das crianças recém-nascidas, para melhor socorrer os doentes e para conduzir mais decentemente os mortos à terra ou à pira. Eles se queixam de que aqueles que mais trabalham são os menos recompensados.

Talvez os teístas se surpreendam em ver homens devotados – por seus juramentos – à humildade e à pobreza revestidos com o título de príncipes, nadando na opulência e cercados de um luxo que deixa os cidadãos indignados. Talvez tenham se revoltado em segredo, quando um sacerdote de um certo país impôs leis aos monarcas e tributos a seus povos. Eles desejariam – em nome da boa ordem e da eqüidade natural – que cada Estado fosse absolutamente independente. Contudo, eles se limitam aos desejos, e jamais pretenderam restabelecer a justiça através da violência.

Assim são os teístas: eles são os irmãos mais velhos do gênero humano, e querem bem a seus irmãos. Não os odieis, portanto. Suportai aqueles que vos suportam. Não façais nenhum mal àqueles que jamais vos fizeram mal algum. Não violeis de modo algum o antigo preceito de to-

---

41. Monges budistas do Sião. (N. de T.)

das as religiões do mundo, que é o de amar a Deus e aos homens.

Teólogos, que combateis todos contra todos, não combateis mais aqueles dos quais recebestes vosso primeiro dogma. Mufti de Constantinopla, xerife de Meca, grande brama de Benares, dalai-lama da Tartária, que sois imortal, bispo de Roma, que sois infalível, e vós, seus subordinados, que estendeis vossas mãos e vossos mantos ao dinheiro como os judeus ao maná, desfrutai todos em paz de vossos bens e de vossas honras, sem odiar, sem insultar, sem perseguir os inocentes e os pacíficos teístas que, formados pelo próprio Deus tantos séculos antes de vós, perdurarão também mais do que vós na multidão dos séculos. RESIGNAÇÃO, E NÃO GLÓRIA A DEUS. ELE ESTÁ MUITO ACIMA DA GLÓRIA.

1ª edição Junho de 2008 | **Diagramação** Megaart Design
Fontes Rotis/Agaramond | **Papel** Ofsete Alta Alvura
Impressão e acabamento Vida e Consciência Gráfica e Editora